AF465932

# CE QUI EST POSSIBLE

## CE QUI N'EST GUÈRE POSSIBLE

## CE QUI N'EST PAS POSSIBLE.

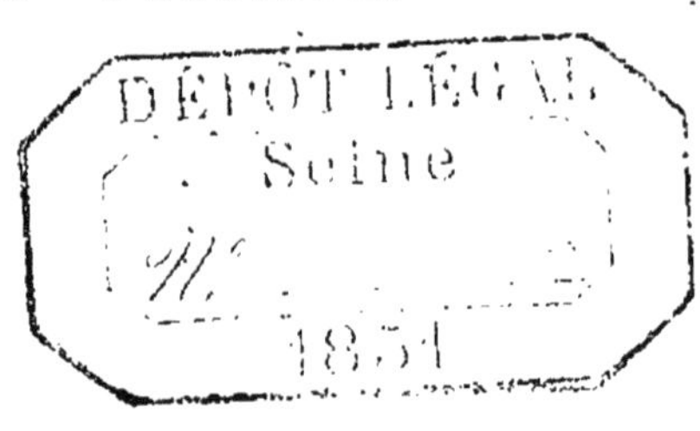

PARIS. — IMPRIMERIE DE J.-B. GROS,
rue du Foin-St Jacques. 18.

# CE QUI EST POSSIBLE

## CE QUI N'EST GUÈRE POSSIBLE

## CE QUI N'EST PAS POSSIBLE

SUIVI DE

## la Constitution & M. de Cormenin



PAR

**J. P. SCHMIT**

Auteur [illegible] Pain, du travail et la Vérité; — du Catéchisme de l'Ouvrier; — de : 6 milliards ou 300 millions de pensions aux ouvriers; — de la profession de foi de Jean Bonhomme, etc.

PARIS

ALLOUARD ET KAEPPELIN

Libraires—Éditeurs—Commissionnaires

SUCCESSEURS DE P. DUFART ET DE G$^{\text{EL}}$ WARÉE

12, RUE DE SEINE

1851

# CE QUI EST POSSIBLE

## CE QUI N'EST GUÈRE POSSIBLE

## CE QUI N'EST PAS POSSIBLE.

### I.

### A quoi songeons-nous ?

A quoi? vraiment, il n'est pas difficile de le deviner.

Nous songeons à ce gros nuage noir qui s'élève sur notre horizon, que l'almanach a baptisé du nom de 1852, et que des prophéties, plus sûres que celles de Nostradamus, nous annoncent être plein de tempêtes et de tonnerres.

Nous songeons que déjà les vents précurseurs se font sentir, et balayent comme des pailles légères la confiance, le crédit et le travail.

Mais songeons-nous à ce que nous avons à faire soit pour conjurer la foudre, soit pour nous mettre à l'abri de la tempête?

Ah bien oui! Est-ce qu'une nation aimable et légère comme la nôtre peut songer à de pareilles choses? On croirait quelle devient sérieuse! Nous nous contentons de courir de ci de là comme on voit voler de pauvres oiseaux effarouchés aux approches de la tourmente; ne nous demandez rien de plus.

Non, j'ai tort; nous convenons tous, à la vue de l'orage qui accourt, qu'il pourrait être nécessaire de choisir un abri où nous pussions tous nous réunir, et en conséquence chacun propose le sien. — L'un dit : restaurons le toit monarchique. Il a été longtemps d'un bon usage, et n'aurait besoin que de quelques réparations pour durer longtemps encore. — L'autre : pourquoi pas le pavillon impérial? — Un troisième : croyez-moi, demeurons sous la tente de la république; elle est toute dressée, assez vaste pour nous contenir tous; à la vérité, elle est ouverte de toutes parts et son piquet est déjà un peu vermoulu, mais nous essayerons de le conforter et de recoudre les fentes du mieux que nous pourrons.

L'optimiste enfin : l'orage qui vous effraye ne sera qu'une de ces douces pluies qui font épanouir les fleurs et reverdir la prairie. Ne vous inquiétez donc nullement; et quand elle sera venue, découvrez-vous la tête pour la recevoir sur le crâne.

Et chacun, en attendant, se tient les bras croisés, babillant à perte de vue sans rien résoudre, se berçant de cet espoir stupide qui a toujours perdu ceux qui s'y sont laissé aller : qu'après tout l'inondation n'emporte pas tout le monde; que le bon nageur a toujours chance de s'en tirer; qu'enfin la pluie passée, revient le beau temps.

Merveilleuse manière de voir, chère à la paresse d'esprit, à la pusillanimité, et à l'aide de laquelle on laisse tout périr, biens, honneur, morale, société et individus!

## II.

### L'esprit de la Constituante.

Cette pauvre constituante ! Elle nous a bâti un triste refuge contre les tempêtes, il craque de toutes parts. Mais tout bien examiné, il faut je crois, plaindre son ignorance, plutôt qu'accuser ses intentions. Elle a courageusement rejeté de la construction ces méchants moellons taillés par les ouvriers du socialisme sous les formes variées de *droit au travail, impôt progressif, divorce, abolition de l'hérédité, liberté illimitée de la presse et des clubs, amovibilité de la magistrature*, et de mille autres choses.

C'était peu, ce n'était rien si l'on laissait au simple caprice d'une future majorité accidentelle, produite peut-être par la violence, — en révolution, de pareils accidents ne sont pas impossibles, — la faculté de les y réintroduire par l'effet d'une nouvelle surprise.

De là tant de précautions pour mettre la révision ou la modification de la constitution à l'abri d'un coup, ou si vous voulez, d'un tour de main. Le mot est passé dans le langage politique.

La France, d'autre part, étant appelée à élire tous les quatre ans un président de la république, ne devait-on pas prévoir que du scrutin pourrait, bien un jour, sortir quelque Danton, quelque Robespierre, quelque Saint-Just, ou tout au moins, quelques-uns de ces mannequins, dont les partis violents tiennent les ficelles ?

Cela s'était bien vu ; donc, cela n'était pas impossible. Et, à défaut du scrutin, une Assemblée pervertie ou comprimée, ce qui n'est pas non plus sans exemple, ne pourrait-elle opérer ce prodige à l'aide du droit que la constitution (art. 47) lui réserve et de par cette majorité faussée dont nous parlions tout à l'heure.

Il était donc bien à elle de tâcher de ménager au pays une chance de salut, en opposant un obstacle légalement invincible à la réélection de ce Danton, de ce Robespierre, de ce Saint-Just.

Pour remédier au premier inconvénient, la Constituante, considérant sans doute que, par les temps de désordre, les hommes sensés courent souvent le risque de se trouver en minorité dans les assemblées délibérantes, voulut leur réserver du moins le *veto* (1) que sa sœur aînée avait attribué au roi même par la constitution de 1791.

Et pour mettre le pays à l'abri de la perpétuité d'un président de fabrique démocratique et sociale, elle voulut qu'entre sa sortie et sa réégibilité, il put s'écouler une autre présidence.

Mais cette Assemblée, qui comprenait une multitude d'hommes parfaitement étrangers aux affaires, aux études, à la science législative et à la science administrative, qui faisait de la politique par pur instinct et décrétait une constitution que beaucoup de ses membres étaient à peine en état d'épeler, ne sut pas voir le côté par où péchaient ses précautions; reconnaître qu'elles n'offraient à la société que des garanties très-contestables, pour des inconvénients très-réels. (2)

(1) Le droit d'empêcher, du mot latin, *veto*, je m'oppose, je défends.

(2) Au moment de livrer ce chapitre à l'impression je lis l'opuscule de M. Cormenin intitulé : RÉVISION. Il en résulte que les auteurs de la Constitution, n'ont pensé à rien de tout cela, et que la Constituante ne fut nullement coupable des bonnes pensées secrètes que je lui prêtais; je lui en demande pardon.

Il peut certainement arriver des cas où les honnêtes gens soient en faible minorité dans une assemblée nationale souveraine, mais il est plus commun encore, pour l'honneur de l'humanité, que cette minorité soit le lot des anarchistes.

Il faut n'avoir jamais lu l'histoire de notre propre révolution pour ignorer comment ceux-ci savent aisément se débarrasser de ces entraves qu'on avait cru leur imposer par les lois ou les constitutions.

Leur mot d'ordre, rappelé avec éloge il n'y a pas longtemps, dans un banquet célèbre, est : *de l'audace ! de l'audace ! et toujours de l'audace !* Celui des hommes d'ordre est : *de la réserve, beaucoup de réserve, toujours de la réserve !*

Voilà pourquoi nous voyons venir avec tant de sécurité l'épreuve de 1852.

## III.

### L'absurde fait loi.

Cela se disait autrefois de la *nécessité*, et tenait quelque peu du fatalisme ; cela doit se dire aujourd'hui de l'*absurde*, et tient de l'absurde lui-même. Rien ne prouve mieux la proposition.

N'est-il pas absurde, au premier chef, qu'une constitution essentiellement révisable et modifiable, elle l'avoue en toute humilité, et pousse la charité jusqu'à indiquer comment devront s'y prendre ceux qui voudront user de la permission, ne puisse cependant être révisée ou modifiée, parce qu'elle commence à exiger pour cela des conditions quasi impossibles à remplir ?

Donc, c'est l'absurde qui fait loi ici contre la constitution même.

N'est-il pas absurde que la nation, une nation qui se pique, à tort ou à raison, d'être intelligente par-dessus toutes les autres, ne puisse écouter la voix de son intelligence qui lui conseillerait de maintenir au pouvoir, un homme ayant obtenu et justifié sa confiance par des actes de dévouement, de génie peut-être, et encore par la sympathie que son esprit de conciliation, ses lumières, sa probité personnelle auront su inspirer pareillement aux puissances étrangères; soit obligée, malgré ses répugnances, malgré ses craintes, malgré ses convictions d'aller se jeter tête baissée dans toutes les imprévisions qu'apporte avec elle une individualité nouvelle, juste au moment peut-être où la moindre déviation, la moindre inexpérience, seraient susceptibles de tout compromettre, de tout renverser?

Remarquez bien que je ne me préoccupe ici que du principe et de ses conséquences possibles dans un temps quelconque, sans aucune allusion d'époque ni de personnes.

Eh bien! l'absurde veut qu'il en soit ainsi, nonobstant la souveraineté de ce peuple, à l'intelligence si élevée : souveraineté, intelligence, qu'on ne proclame jamais plus haut que quand on veut lui mettre un mouchoir sur la bouche, des menottes aux mains, et lui faire faire des sottises.

J'ai donc raison de dire que l'absurde fait loi.

O bon peuple! enorgueillis-toi donc et laisse faire ou fais des révolutions!

## IV.

### OUI ? ou NON ? — OUI et NON.

A et B, deux honnêtes citoyens et citoyens honnêtes par-dessus le marché, peut-être deux journalistes, peut-être, ma foi, deux représentants, causaient et disaient à peu près ce que vous venez de lire. Ils s'accordaient notamment sur ce point, que la Constitution est un véritable traquenart dans lequel la nation se trouve prise par le cou, et où elle se sent étouffer sans pouvoir en sortir.

Tous deux reconnaissaient qu'elle — la Constitution — aurait besoin, pour le moins, d'être beaucoup modifiée.

— Vous allez donc voter la révision, dit un tiers en s'approchant.

A. Oui, assurément.

Pourquoi ?

A. Parce que la France, pays d'agriculture, d'industrie, de commerce et de beaux-arts, ne peut être condamnée à perpétuité aux travaux forcés des révolutions périodiques, ni aux anxiétés du condamné à mort, ne vivant que par sursis de quatre ans, en attendant le jour où le sursis ne sera pas renouvelé. Parce que les inquiétudes, les défiances, la torpeur qu'un tel état répand dans les esprits, empêchent les agriculteurs de vendre leurs denrées, les industriels de donner du pain à leurs ouvriers, les navires marchands de sortir des ports, les artistes de se livrer à des travaux stériles.

— Vous aussi, B, vous allez voter pour la révision?

B. Moi? non, assurément.

Parce que?

B. Parce que qui dit révision, dit ou prorogation des pouvoirs de Louis Napoléon, ou monarchie.

Vous ne voulez ni de celle-ci, ni de celle-là?

B. Non.

Pourquoi?

B. Parce que je préfère la république.

Je ne vous savais pas si républicain; rappelez-vous donc....

B. Mon Dieu, je ne le suis pas du tout, mais je crois que la république est devenue la seule chose praticable.

— Ainsi, quoique vous tombiez tous deux d'accord que nous sommes sous l'empire d'une loi mauvaise, qui a besoin d'être révisée, sinon refaite, si l'on vous demande voterez-vous *oui* ou *non* cette révision ou cette réfection, vous répondez l'un : OUI, l'autre : NON.

Voilà le pays bien conseillé et il peut maintenant dormir en paix.

## V.

### Laquelle, s'il vous plaît?

La république, selon vous est la seule chose praticable. C'est une opinion comme une autre. Je serais bien aise de pouvoir la partager, non par grande passion pour la république mais parce qu'elle existe; ce qui est un grand point, car il y a un vieux proverbe qui dit : on sait bien ce qu'on quitte, on ne sait pas ce qu'on prend ; et jusqu'ici nous n'avons pas eu la main heureuse en fait de changements.

Cependant, ne trouvez pas mauvais que je vous demande ce que vous entendez par ces paroles : la république est la seule chose praticable !

1° Est-ce indéfiniment, ou seulement comme chose transitoire ? La question vaut la peine d'être posée.

2° Si indéfiniment, pensez-vous que celle que nous avons le bonheur de posséder porte en elle-même de tels éléments de longévité ?

3° Si transitoirement, où doit-elle nous conduire et à quoi reconnaîtra-t-on le terme de l'épreuve ?

Je dois peut-être commencer par vous déclarer que je suis complétement et sans réserve de l'avis de ceux qui professent que *les gouvernements sont institués pour les peuples, et non les peuples faits pour les gouvernements.* — Que prétendre le contraire, c'est traiter les peuples en vils troupeaux, jetés au monde pour peupler les étables d'un maître ou les étaux d'un boucher.

Je m'estime quelque chose de plus.

Je suis donc le partisan du gouvernement qui conviendra le mieux au pays, peu m'importent le nom, la forme ou l'origine de ce gouvernement ; qu'il soit monarchique ou républicain, despotique ou constitutionnel. Je n'exclue que l'anarchie, parce que je n'y vois que le retour au-dessous de l'état sauvage.

Vous persistez à me dire que c'est la république qui convient le mieux au pays, tout en avouant que vous n'êtes point républicain. Va donc pour la république — sous bénéfice d'inventaire, bien entendu.

*

Cependant, une autre question. De quelle république entendez-vous parler?

Prenez-vous pour type, dans l'antiquité, la république de Sparte? d'Athènes? de Carthage ou de Rome?

Ou, au moyen âge, la république de Florence? de Sienne? de Gênes? de Venise? soit même celle de Saint-Marin?

Sinon, a des époques plus rapprochées, la république helvétique? ou la république américaine? ou l'illustrissime république d'Andorre?

Ou, pour rentrer dans notre propre histoire contemporaine, choisissez-vous la république de la Convention ou celle du directoire, ou celle du Consulat?

Est-ce enfin, pour nous mettre en plein dans l'actualité flagrante, la république de M. de Lamartine?

Ou de M. Cavaignac?

Ou de M. Ledru-Rollin?

Ou de M. Proudhon?

Ou de M. É. de Girardin?

Ou de M. Blanqui?

Ou de M. Marc Dufraisse?

Ou de M Victor Hugo?

Ou de M. Félix Pyat?

Ou de M. Mazzini?

Ou de M. Heinzen? (1)

(1) On connaît peu en France M. Heinzen. C'est à Londres qu'il a publié ses élucubrations républicaines dans un pamphlet écrit en allemand, intitulé : *Lehren der Revolution*, (esprit ou doctrine de la révolution) dont le Times a reproduit les extraits qui suivent :

« Il est possible que la grande révolution dont l'Europe approche coûte deux millions de têtes. Mais l'existence de deux millions de

Ou . . . . . . . . . . ?

Ou . . . . . . . . . . ?

Ou . . . . . . . . . . ?

Je ne me flatte pas de les connaitre toutes, mais voilà déjà un nombre bien raisonnable de variétés plus ou moins tranchées, et il est bien naturel, à mon avis, que le peuple sache pour laquelle il doit opiner, c'est-à-dire laquelle de toutes ces républiques lui promet plus sûrement la paix intérieure, le travail sérieux et la prospérité.

Avez-vous fait votre choix ? voyons quel est-il, et sur quoi repose-t-il ?

Vous croyez vous tirer d'affaire en me répondant : je veux la république telle que nous l'a faite la Constitution de 1848.

Allons donc, pure défaite ! Nous savons fort bien que les vrais républicains, les républicains de la veille, de l'avant-veille, du ventre même de leur mère, qui, par conséquent, doivent s'y connaître un peu plus que vous et moi, ne

misérables peut-elle être prise en considération lorsqu'il s'agit de deux cents millions d'hommes ? Non, le temps doit venir où le peuple secouera ce faux scrupule de conscience, où il portera le glaive exterminateur partout où se cacheront ses ennemis mortels, et où il célébrera la fête de la vengeance sur des montagnes de cadavres.

« Le dictateur » — les républicains égalitaires veulent toujours des dictateurs — « doit former une alliance offensive et défensive avec tous les révolutionnaires, et avec les gouvernements républicains.... Cette alliance doit les obliger à livrer et à poursuivre tous les réactionnaires. Pour eux point d'asile, et la question d'asile doit être une question absolue de parti. Ils ne doivent rien posséder sur terre qu'un tombeau...... détenteurs des propriétés et des richesses, il faut les leur prendre, par la force s'il est nécessaire, et les confisquer au profit de l'Etat. »

Le toast du *banquet des égalitaires*, les 10^e^ et 11^e^ bulletins du *comité central de résistance* ont répondu comme des échos à ses douces paroles. Heureusement que nous avons des hommes qui savent GOUVERNER LES RÉVOLUTIONS.

cessent de répéter que cette république n'est pas une république.

Qu'est-elle donc ?

Rien.

Et c'est sur ce rien que vous voulez faire reposer le salut de la France..... ?

C'est de ce rien que vous voulez faire un terrain neutre, phrase à la mode, sur lequel, prétendez-vous, tous les intérêts peuvent se donner rendez-vous, et se rencontrer sans se combattre ?

— Vous avez cent fois raison. En effet, depuis le 24 février 1848, tous ces intérêts s'y sont trouvés si bien d'accord, ils se sont si bien serré la main, qu'il n'y a eu aucune dissension, aucune division ; que nous sommes devenus de tendres frères parfaitement unis mangeant tous à la même gamelle, sans que nul ait songé à écornifler la portion de l'autre, sans nous être donné le moindre coup de cuiller à pot.

Si donc on maintient un nombre indéfini de départements en état de siége, et si je ne sais combien de gardes nationales demeurent licenciées, si l'on entretient à Paris et ès-lieux circonvoisins une garnison permanente de cent mille hommes à qui l'on fait charger les armes le jour où l'on fête la République qui nous procure cette douce réminiscence de l'âge d'or, ce n'est, m'en voici convaincu, que pour mieux prouver qu'on peut hasarder sous son benoit régime, sans le compromettre, tant il a la vie dure, ce qu'on n'eût osé sous la monarchie, même la plus constitutionnelle.

## VI.

### Qui dit républicain, dit trop souvent despote.

C'est donc pour perpétuer ce très-pacifique et florissant état de choses, que vous vous refuserez à la révision, laquelle ne serait, dites-vous, qu'un acheminement à la prorogation des pouvoirs de Louis Napoléon, si ce n'était un retour à la monarchie.

Quoi! vous avouiez tout à l'heure que vous n'êtes pas républicain et vous tremblez à l'idée du retour de la monarchie? Qu'êtes-vous donc? vous savez bien pourtant qu'il faut qu'une porte soit ouverte ou fermée.

— C'est que, voyez-vous, la monarchie... peut-être que... si... je ne dis pas qu'alors...

— Ah! ah! beau masque! vous ne craindriez pas que la révision nous ramenât à la monarchie, si c'était celle de votre goût.

— C'est à peu près cela.

— Vous jouez le rôle du chien du jardinier qui ne pouvant pas faire, ne veut pas laisser faire. Et ne voyez-vous pas que, sous prétexte de république, vous faites du pur despotisme? Cela ne m'étonne pas au reste. J'ai souvent remarqué que nul n'est plus despote qu'un républicain, surtout s'il ne l'est que par occasion, et encore mieux par opposition.

— Qui, moi, despote?

— Je vais vous le démontrer.

Avant, toutefois, d'aborder des questions délicates, permettez que je vous dise combien j'y suis personnellement désintéressé, afin que vous ne prêtiez pas trop aisément à mes paroles un sens qu'elles n'auraient pas.

Je n'ai pas un sou à gagner, voyez-vous, pas le moindre emploi, pas la plus petite distinction à attendre, n'importe qui triomphe, de la présidence à long terme ou à perpétuité, de l'empire, de la monarchie traditionnelle héréditaire ou de la monarchie improvisée de juillet.

Je n'ai l'honneur ni de connaître aucun des compétiteurs ni d'en être connu, et n'en ai obtenu aucune faveur.

La république, si elle a dîmé dans les premiers moments sur mon mince revenu, fruit de mon travail, a bien voulu me laisser le surplus, mais elle n'a eu garde et ne me promet pas d'y rien ajouter. Sans rancune à son égard je suis aussi sans attente. Parfaitement exempt d'ailleurs, soit de passion, soit de répulsion préconçue pour qui que ce soit, je me trouve dans les meilleures conditions possibles pour agir et penser en pleine liberté, et discuter à l'abri de toute imputation de considérations personnelles ou d'intérêts privés.

Eh bien, ceci posé, je soutiens que nul de ceux qui reconnaissent que la constitution renferme des vices, n'a le droit de voter contre sa révision, sa modification ou sa réfection, par supposition que cette révision, cette modification ou cette réfection peuvent produire ce qu'il ne désirerait pas.

J'ajoute même que nul n'a davantage ce droit, en présence d'un but de changement franchement formulé.

Quelle force peuvent avoir les vœux, les espérances de ceux qui demandent la chose, l'adhésion même que l'assemblée semblerait y donner. Véritables toiles d'araignée que l'opinion nationale emporterait de son aile, sans daigner même y prendre garde.

La révision ne doit être rien de plus qu'une occasion fournie à la volonté générale, **A LA VOLONTÉ DU SOUVERAIN**, de se manifester, avec la plus pleine liberté, sur les questions qui l'intéressent au plus haut degré, qu'elle seule a le droit de se poser à elle-même, et qui n'ont d'autres limites que sa souveraineté.

Or comment appelle-t-on toute puissance quelconque qui prétend imposer silence à la volonté générale pour laisser parler seulement la sienne, si ce n'est *despotisme?* et celui qui manifeste cette prétention, si ce n'est *despote?*

Donc vous tous, qui que vous soyez, qui dites à la France de votre pleine autorité : *tu n'auras pas la révision parce que tu pourrais en faire tel usage qui nous déplaît*, vous êtes des despotes. De quel droit blâmez-vous les républicains du provisoire de lui avoir dit au mois de février 1848 : *il ne nous plaît pas de t'appeler à voter la réppublique parce que tu pourrais voter autre chose?*

Votre manière d'agir envers la France est-elle si différente de la leur?

Ne sont pas moins coupables, ceux qui, prenant le thème opposé, crient sur les toits qu'ils veulent la révision, parce qu'elle *doit être* synonyme de **PROROGATION** selon les uns, de **MONARCHIE** selon les autres.

Je ne prétends pas néanmoins que l'une ou l'autre des deux choses ne puisse absolument sortir de celle qui paraît si fortement bouleverser certaines gens. La France est une grande et puissante magicienne. Mais nul ne peut se flatter de prévoir au juste ni ce qu'elle fera, ni de quel enfant la nouvelle constituante aiderait la révision à accoucher ! Et la France est en ce moment tout aussi ignorante sur ce point que vous et moi.

D'où vient donc l'effroi de tel ou tel parti ? Celui qui en conçoit le plus se trouverait peut-être par l'événement précisement le plus favorisé. Qui sait ? Les révolutions sont des loteries où le gros lot est également promis à tous les joueurs.

Le parti qui refuse de courir la chance avoue qu'il ne compte sur aucune et que le cœur lui manque ; où donc peut-il puiser assez d'arrogance pour vouloir empêcher le pays de gagner ?

## VII.

### Les révolutionnaires conservateurs et les conservateurs révolutionnaires.

Nous venons de voir sur les bords du Tage qu'il y a quelquefois une chance particulière tenue en réserve par la capricieuse fortune pour les fuyards ; mais la fortune de la France à le cœur plus haut et ne les aime pas.

Quelques fuyards de la révision ont essayé de colorer leur retraite en disant : « prenez garde : la constitution que nous possédons n'est pas assurément la huitième merveille du monde ; elle a bien des défectuosités, qu'il serait fort à désirer qu'on pût faire disparaître ; mais elle a aussi du bon. N'oubliez pas qu'on en a exclu le droit au travail, l'amovibilité du magistrat et beaucoup d'autres ingrédients de nature analogue. Si la révision allait les y faire rentrer !!! »

Il est certain que si la France qui, malgré les commissaires de M. Ledru-Rollin, les circulaires de M. J. Favre et les bulletins politiques de madame G. Sand, a pu nommer une première constituante capable de nous faire la constitution susdite, est, dans un temps beaucoup moins anormal, frappée d'une stupidité assez profonde, est assez abandonnée de Dieu et de sa raison pour faire pis qu'elle n'a pu faire alors, il faut désespérer de tout.

Est-ce une raison pour s'abstenir? la pusillanimité dit oui, la raison dit non. Elle conseille de saisir toutes les chances de salut qui se présentent, si hasardeuses soient-elles.

Timon, le vieux Timon, devenu orfèvre comme M. Josse, ne croit pas que ces chances existent dans la révision. « Chose remarquable, dit-il, les révolutionnaires, qui auraient peut-être plus que d'autres à gagner à une révision, sont devenus des conservateurs; et les conservateurs, qui ont tout à y perdre, sont devenus les révolutionnaires d'aujourd'hui! »

C'était vraiment bien la peine de gagner la réputation de grand logicien à faire des petits pamphlets pour venir la gaspiller aussi pauvrement.

Qui donc vous dit, M. Timon, que les révolutionnaires auraient tout à gagner à la révision? Et depuis quand sont-ils devenus des amants si platoniques des constitutions, que le respect l'emporte chez eux sur les chances de bénéfice qu'une révision leur apporterait — selon vous?

Nous ne l'aurions pas cru, si vous ne nous l'eussiez dit, et, quoique vous l'ayiez dit, nous ne le croyons pas encore. Nous demeurons persuadés qu'ils ne sont si ardents conservateurs que par une grande peur de perdre.

Quant aux conservateurs, pourquoi auraient-ils tout à perdre? — Vous êtes ici bien affirmatif et bien fatal, M. Timon. — Mais eux pensent qu'ils ont encore quelque chose à gagner, et ils ne se croient pas, surtout, révolutionnaires pour le désirer. Ils ne demandent que d'user de la constitution pour l'obtenir, et vous savez bien que ce n'est pas eux qui fomentent et entretiennent les révolutions.

On nous dit encore : Grande est la folle erreur de ceux qui croient que la révision faite, tout sera dit ; que le calme se trouvera subitement rétabli, et l'avenir consolidé.

Point du tout, la révision c'est l'agitation d'une nouvelle constituante, les intrigues des partis, l'incertitude des résultats, probablement une suspension plus ou moins prolongée des affaires, une, peut être deux nouvelles élections générales dans la même année sans compter les éventualités.

Oui c'est tout cela, il ne faut point qu'on s'abuse. Mais si tout cela peut nous dispenser de recommencer ensuite tous les trois ans, et des autres conséquences funestes que peut avoir le maintien de l'état actuel, — on les verra plus loin — la France y aura gagné mille pour cent.

Il est vrai que le *si* admet l'inconnu. Mais l'inconnu appartient à tout le monde.

On dit enfin, — que ne dit-on pas, — ne voyez-vous pas que le lendemain de la révision de la Constitution présente on vous demandera la révision de la constitution nouvelle et ainsi de suite sans fin ni raison !

Touchante sollicitude pour un malade. Tu veux prendre un remède ! Songes-tu bien que si une première dose ne te suffit, tu seras peut-être exposé à en prendre une seconde ? Il vaut bien mieux, vois-tu, mourir de ton mal.

## VIII.

### Respecter la Constitution ?

Vraiment, je ne demande pas mieux ; on ne me saisira jamais la main dans une conspiration, et je m'unis de cœur et d'action à ceux qui disent que violer une constitution, c'est commettre plus qu'un crime.

Les peuples anciens, quand ils acceptaient une constitution, se liaient à elle par des serments redoutables et les observaient pendant des siècles. Nous qui changeons de constitutions comme on change de pièces au répertoire de la Comédie, nous avons fini par comprendre l'abus du serment qui n'était qu'une occasion plus ou moins rapprochée de parjures. La République de 1848 nous a débarrassés de cette formalité, cause incessante de scandales, et, si elle n'avait fait rien de plus ou de pis, nous aurions grand tort de nous plaindre d'elle.

Cela ne veut pas dire qu'on en soit venu à respecter davantage les constitutions et qu'on se fasse faute de médire de celle dont 1848 nous a gratifiés ; mais elle-même nous l'a permis puisqu'elle a dit : il est bien possible que je ne vous convienne pas ; alors, faites mieux si vous pouvez.

Mais de médire à violer, il y a loin.

Le grand tort, le tort suprême de la violation, c'est qu'elle appelle la violation, et que l'exemple donné par les violateurs se retourne contre eux ensuite, quelques excuses, quelques bonnes raisons qu'ils aient pu avoir.

Je ne m'unis pas avec moins de sympathie aux

hommes qui disent que la société périt surtout parce qu'elle a perdu le respect de la loi, et je crois que c'est un détestable moyen de lui faire reconquérir ce respect, que de lui apprendre à violer la loi qui est au-dessus de toutes les lois : une constitution.

Mais, n'est-il pas vrai que dans certaines bouches, ces mots : *Respect à la Constitution !* ont une physionomie quelque peu grotesque ?

Il en est d'autres au dire desquels la vie des nations offre de ces cas suprêmes où *le salut du peuple est la suprême loi* et abroge toutes les autres. Il n'est pas un violateur, un usurpateur qui n'invoque cette maxime banale posée dans l'intérêt des peuples et presque toujours tournée contre eux.

Donc, on en est venu à dire aussi, à écrire depuis six mois : pourquoi pas une fois de plus ? le salut public n'est-il pas compromis ?

Que l'Assemblée, puisqu'elle est enfermée dans une muraille fatale et infranchissable, prenne le généreux parti de sauter par dessus et de proclamer la révision à la simple majorité relative, si la majorité relative la veut. Et, parbleu ! une fois affranchie, qu'elle n'aille point par quatre chemins, qu'elle prenne sur elle d'opérer la révision. Bah ! qu'elle refasse la Constitution quand elle sera en train. Une chose faite a une tête, a dit un républicain du XIIIe siècle.

Un homme d'expérience, un législateur, ne s'est-il pas écrié déjà sous le gouvernement de Juillet : la légalité nous tue ! et la légalité n'a-t-elle pas tué en effet ce gouvernement timoré qui n'a pas osé maintenir l'état de siége établi par lui en juin 1832 ? aujourd'hui ne prend-elle pas la souveraineté du peuple à la gorge pour l'empêcher de faire entendre sa voix ?

Si l'Assemblée nationale, élue par le suffrage universel, on ne peut le contester, prenait le généreux parti de la tirer des griffes de ce stupide article 45 qui la fait ramper sous le niveau abaissé d'une faible minorité, que ferait-elle de plus que ce qu'a fait la Chambre, ou plutôt une fraction de la Chambre de 1830 ; l'élue d'un petit nombre de privilégiés ? — style réformiste.

Qui avait conféré à 221 membres de cette Chambre, le droit de décréter la déchéance de la branche aînée *à laquelle la Chambre entière venait de jurer solennellement fidélité ;* de refaire la Charte à laquelle elle avait *juré solennellement obéissance* et au nom de laquelle la révolution se ruait sur les fidèles et malheureux Suisses ; de déférer la couronne à Louis-Philippe et de mettre le pied jaloux d'une minorité sur la nuque de la Chambre héréditaire qui témoigna bien au reste, par sa docilité exemplaire à recevoir l'humiliation, qu'elle la méritait ?

Il y a donc des esprits hardis qui prétendent que si quelques députés ont pu faire toutes ces choses en 1830, quelques autres ont pu en faire d'analogues en 1848 ; et que si tout cela leur a été possible, en vertu d'un même droit apparemment, nonobstant les serments qui les liaient à l'ordre de choses qu'ils renversaient, et a été sanctionné par le succès, il doit l'être encore bien plus à une Assemblée élue par toute la nation, qui n'a prêté aucun serment, n'a contracté d'autre engagement que celui de veiller aux intérêts de la France, de faire ce que lui paraîtraient commander ces intérêts.

Telle est la logique des révolutions ; logique intraitable, qui ne connaît d'autres arguments que les récriminations, et à qui chaque nouveau fait accompli en fournit toujours de nouvelles ; logique subversive qui ne cesse de remettre en question, chaque jour, les destinées d'un pays, son gouvernement, ses institutions, sa tranquillité, son industrie, son commerce, son travail, sa prospérité, la fortune du riche et le pain du pauvre ; toujours prête à jouer tout cela sur le dé de quelque coup d'état ou de quelque sédition. *Alea jacta est*, c'est avec ce mot que les hommes des révolutions gouvernent les peuples aujourd'hui. Pauvres peuples!

## IX.

### 18 Fructidor, 18 Brumaire et 10 Décembre.

En voilà assez, je crois, sur les coups d'État qu'on pourrait appeler législatifs ; mais il en est d'autres qui ont trouvé aussi leurs apologistes ; il faut bien en dire un mot.

Un des pères de la république de 1848, pauvre enfant qui en a beaucoup de connus, sans compter les autres, a remonté récemment sa lyre pour chanter au président de ladite république le dithyrambe fructidorien sur un air nouveau.

Le 18 fructidor fut, on se le rappelle, un attentat commis par le pouvoir exécutif contre lui-même et subsidiairement contre le pouvoir législatif. Deux membres du directoire et un certain nombre de membres du conseil des Cinq Cents et du conseil des Anciens furent saisis pendant la nuit et transportés sans autre formalité, beaucoup plus loin que Belle-Isle, à Cayenne, dans les affreux et pestilentiels déserts de Sinnamary où la plupart trouvèrent la mort.

Le Tyrtée du *18 fructidor pacifique*, c'est ainsi qu'il appelle le coup d'état qu'il propose, n'est pas si cruel. Il veut seulement que le président : — Nomme un ministère qui rende confiance à la république. Il n'y a rien à dire à cette effusion de sollicitude paternelle ;

— Déclare qu'il n'acceptera à aucun prix la prochaine candidature à la présidence. Le conseil du renard à qui on a coupé la queue ; mais cela regarde particulièrement M. Louis-Napoléon qui est bien le maître de faire de la sienne ce que bon lui semblera ;

— Révoque la loi du 31 mai. Oh ! halte-là, s'il vous plaît. Je n'ai pas, voyez-vous, une grande tendresse pour la loi du 31 mai. Je crois qu'elle a énormément et imprudemment dépassé le but ; mais enfin c'est une loi, et je ne sais dans quel article de cette constitution que vous ne voulez pas non plus voir violer, vous trouvez écrit ce droit du pouvoir exécutif de révoquer une loi.

Aussi, direz-vous, est-ce un coup d'État, un 18 fructidor que je conseille.

Je confesse ma niaiserie ; mais vous conviendrez qu'il y a quelqu'un qui en aurait pour le moins autant, si, avec tant de facilité pour faire un 18 fructidor, il ne risquait pas tout de suite un 18 brumaire.

Il faut avouer que les républicains traitent singulièrement la république ; c'est bien le cas de dire qu'on n'est jamais trahi que par les siens.

Ou plutôt je suis dans l'erreur. Les coups d'État sont dans l'essence des républiques. Elles ne font pas autre chose : voyez l'histoire de celles de l'antiquité, du moyen âge et des temps modernes ; coups d'Etat d'un pouvoir contre l'autre, quand il y en a plusieurs ; coups d'Etat du pouvoir contre le peuple ; coups d'Etats du peuple contre le pouvoir; coups d'Etat d'une portion du peuple contre l'autre.

Sous la Convention, d'heureuse mémoire, chaque jour, pour ainsi dire, fournissait le sien; coup d'Etat contre la royauté, coup d'Etat contre la Gironde, coup d'Etat contre les Hébertistes, coup d'Etat contre les Dantonistes, coup d'Etat contre les Babouvistes, coup d'Etat contre les Jacobins.

Et pour avoir des faits tout récents, que fit la garde nationale contre le ministère de 1848, et par contre-coup contre la monarchie, quand elle se mit à crier, au mois de février : *Vive la réforme!* sinon un coup d'Etat? Que fit la nation, quand elle élut, au mois de décembre suivant, Louis-Napoléon à la présidence de la république, sinon un coup d'Etat?

Dira-t-on que lorsque la garde nationale criait: vive la réforme! la France ne possédait pas encore la république? Ostensiblement, légalement, non, mais on ne niera point qu'à part quelques honnêtes jobards qui criaient, sans trop savoir le sens de ce qu'ils criaient, prévoyant encore moins la portée et les conséquences de ce qu'ils faisaient, le cri était celui des républicains mêlés dans leurs rangs, qui savaient bien, eux, ce qu'ils faisaient, où ils allaient et où ils menaient les moutons qui sautaient stupidement après eux.

Eh bien! si les pouvoirs ont quelques armes pour se défendre, quand ils ne dorment pas, contre un 18 fructidor ou un 18 brumaire quelconque, ils n'en ont pas contre un 10 décembre, parce qu'il n'y a pas de force gouvernementale suffisante pour résister à la volonté de six millions d'hommes.

Que feraient en effet les pharisiens constitutionnels qui se montrent si opposés à la révision, si, aux élections de 1852, la France allait se charger de la faire elle-même, soit en réélisant Louis-Napoléon, soit en rappelant la monarchie sous une forme ou sous un nom quelconque.

Alors ce serait la guerre civile ! nous crie-t-on.

X.

**La guerre civile.**

Que Dieu nous en garde ! plutôt cent fois, mille fois le choléra ! plutôt la peste ! car ces fléaux, tout terribles qu'ils soient, sont encore moins horribles que la guerre civile. Si c'est la mort dans toute sa hideur, du moins ce n'est pas le fratricide.

Vous nous promettez donc la guerre civile, s'il prend fantaisie à la France de faire un nouveau 10 décembre, dans un sens quelconque, sans s'embarrasser autrement de vos articles 45 et 111, qu'elle trouve absurdes et attentatoires à sa liberté.

Mais elle n'est guère possible, heureusement, quand tout le monde, ou à peu près tout le monde est d'accord. Aussi ne l'avons nous pas eue au mois de décembre 1848.

Mais vous nous en menacez pareillement si la révision se fait ! Nous voilà bien lotis, vraiment.

S'il faut vous en croire, que nous fassions ou que nous ne fassions pas, ce sera toujours la même conclusion. Enchâssez donc dans l'or et les pierreries une Constitution qui nous place dans une si douce alternative !

On s'excuse de n'en point voter la révision en alléguant qu'il y a déjà un nombre de voix plus que suffisant pour l'empêcher. Belle raison, n'est-il pas vrai ? pour l'accroître d'une manière factice par une coalition, après les anathêmes fulminés si récemment contre les coalitions! Quand donc les plus puritains cesseront-ils d'avoir deux poids et deux mesures, une pour eux et une pour autrui? Veulent-ils que la France expédie enfin, à leur adresse, cette moralité de la fable :

> Arrière ceux dont la bouche
> Souffle le chaud et le froid!

Oui, il ne paraît que trop certain que la révision ne pourra avoir lieu; mais cela ne dispense personne de faire son devoir. Un noble baron féodal, au temps où il avait des barons féodaux, avait pris pour devise :

> Fais ce que dois, advienne que pourra.

Aujourd'hui que, grâce à l'égalité, nous sommes tous devenus des barons citoyens, la noble devise nous appartient à tous. Faisons donc notre devoir, sans nous préoccuper du succès. Quel qu'il puisse être, la France nous en tiendra compte, et quand le moment sera venu, avec l'aide de Dieu, elle ne défaillira pas au sien.

— Vous en parlez à votre aise, vous qui n'êtes pas représentant et n'êtes pas appelé à voter. Lisez donc un peu le onzième bulletin que la rouge nous envoie en cet instant même à chacun, à domicile, afin que nul n'en prétende pour cause d'ignorance :

« Oseront-ils réviser la Constitution?.... S'ils ont cette téméraire audace, que le peuple, que l'armée, que la partie *saine* de la bourgeoisie....., que la France entière se lève pour les frapper » (Quand nous vous disions que c'était la guerre civile).

« ...Si une poignée de misérables (vous entendez comme on nous traite) provoquent de gaîté de cœur (il est vrai que nous sommes fort gais!) l'effusion du sang (nous!) : il faut cette fois qu'il retombe sur leur tête. (Hein?)

« *Nous prévenons donc les membres de la majorité, que ceux d'entre eux qui donneront, par leurs votes, le signal du carnage,* **AURONT PRONONCÉ EUX-MÊMES LEUR ARRÊT DE MORT. L'INSERTION DE LEURS NOMS AU MONITEUR, TIENDRA LIEU DE JUGEMENT.** »

Cela est bien encourageant, n'est-ce pas?

— Dam! je ne dis pas, mais qui de nous est sur un lit de roses? — Si vous étiez de francs, de sublimes républicains, je vous rappellerais comme quoi les sénateurs romains ne redoutèrent point de s'exposer dans leurs chaires curules à la fureur des Gaulois. Si vous étiez de francs et dévoués monarchistes, je vous dirais que Brisson, Larchet, Tardif, plutôt que de pactiser avec la ligue, contre le Béarnais et la patrie, se laissèrent prendre sur leurs siéges pour être conduits à la potence.

Mais je n'ignore point la valeur de cet argument du bonhomme Chrysale, que Molière a ainsi nommé pour montrer qu'il parle d'or :

Guenille si l'on veut, ma guenille m'est chère!

Et je vous avouerai qu'au fond je ne tiens pas moins à la mienne que vous à la vôtre. Mais êtes-vous bien sûrs qu'au grand jour où la révolution, que vous aurez si bien servie, s'assiera triomphante sur cette place où toujours revient son nom, comme le sang de Duncan sur les mains de lady Macbeth, le jour où elle tiendra les grandes assises de son jugement dernier, elle ne vous découvrira pas sur la conscience assez d'autres péchés pour faire pencher la balance jusqu'au niveau de la fatale bascule? Marchez donc! on ne guillotine pas les gens deux fois.

## XI.

### Gouverner la révolution.

« Oh! la révolution n'ira pas jusque-là. Nous la gouvernerons. »

Il y a des hommes qui disent, qui écrivent ces paroles pleines d'outrecuidance. Et ces hommes, cependant, ne sont ni des matamores, ni des capitans, ni des croquemitaines. Bien loin de là, ce sont des citoyens fort paisibles, quoique un peu taquins par caractère — que voulez-vous! on ne se fait pas; — doués par-dessus tout d'une très-bonne opinion d'eux-mêmes, que le public partagerait un peu plus s'ils l'affichaient un peu moins.

Cette bonne opinion leur fait trouver un grand charme dans l'agitation incessante, parce qu'elle leur offre mille occasions toujours nouvelles de montrer leur habileté, leur savoir-faire, les prodigieuses ressources d'un esprit qui ne sommeille jamais.

Créés et mis au monde pour gouverner, il faut qu'ils gouvernent quoi que ce soit et à quelque prix que ce soit; une monarchie ou une république, un pays prospère ou des ruines, un roi ou une révolution, tout leur est égal.

Si la monarchie est assez aveugle pour ne vouloir pas se laisser faire, ils la tracasseront et la sauveront tant, qu'elle tombera un beau jour république ; si les rois, qu'ils s'en aillent l'un après l'autre ou l'un avec l'autre, ils ne les suivront pas, mordi ! si les révolutions, oh ! cela ne les embarrasse pas plus. De même que dans le *Tartufe*, les choses n'iront que jusqu'où ils voudront. Ils les gouverneront. *Alea jacta est*, le sort est jeté !

Ils se sont délivré une patente de gouverneurs omnibus ; les droits en sont chers, quoique non tarifés au budget, mais cela leur importe peu. Quand le percepteur envoie sa sommation, c'est toujours la nation qui paye.

On comprend que ces hommes ne s'épouvantent que médiocrement en entendant rugir les révolutions. Ils ont leur muselière toute prête pour les museler. Cela leur est si facile, qu'ils en seraient venu à bout dès le berceau, comme Hercule qui étouffait des serpents en têtant sa nourrice ; et s'il en est qui se soient faites malgré eux, c'est qu'ils étaient distraits ou qu'ils dormaient — comme certains généraux — au moment du danger.

Mais qu'ils s'y mettent, et vous les verrez vous amener la révolution pieds et poings liés.

— Arrive donc, Dumanet ! — Mon capitaine, je viens de faire un prisonnier. — Pourquoi donc ne l'amènes-tu pas ? — C'est qu'il ne veut pas me lâcher.

O grands gouverneurs ! vous que j'ai vus à l'œuvre de si près et qui avez déjà gouverné tant de choses ! Dites-nous donc un peu où elles sont, pour nous éviter d'aller les réclamer au bureau des objets perdus ! Nous ne demanderions pas mieux, voyez-vous, que de voir votre main si heureuse se mettre à gouverner la révolution à son tour — avec le même succès — Mais, franchement, nous croyons qu'il en faudrait une plus solide et moins vacillante.

*

Agamemnon, le superbe Agamemnon, le roi des rois, un peu moins superbe que vous, dit à sa fille prête à être immolée :

> Ne vous assurez point sur ma faible puissance;
> Quel frein pourrait d'un peuple arrêter la licence,
> Quand les Dieux nous livrant à son zèle indiscret,
> L'affranchissent d'un joug qu'il portait à regret.

Gouverner la révolution! tous se le sont promis tour à tour, et ceux qui les préparaient, et ceux qui les laissaient faire, ajoutons : — triste consolation! — et ceux qui les avaient faites. Leur sort a été égal. Lisez donc dans vos propres ouvrages les épitaphes de ces vaniteux.

Les révolutions plus voraces que le vieux Saturne qui ne dévorait que ses enfants, mangent leurs pères putatifs et leurs pères adultérins.

Une révolution, c'est la mer à qui une seule voix a pu dire : Tu n'iras pas plus loin! et su se faire obéir.

Votre voix est très-sonore, très-mélodieuse, très-retentissante, très-puissante même —surtout pour soulever les flots de cette mer, — mais enfin, soit dit sans prétendre vous ravaler trop bas, elle ne l'est pas encore autant tout à fait que celle de Dieu.

Pardonnez-nous si nous nous défions quelque peu de la vertu suprême de votre *Quos ego!*

## XII.

### Fermer l'abîme des révolutions.

Chaque nouveau gouvernement — Dieu sait si nous en avons manqué depuis soixante ans — que dis-je, chaque parti, dans son triomphe d'un jour, a toujours écrit sur son prospectus : **ET L'ABIME DES RÉVOLUTIONS EST ENFIN FERMÉ!**

Je ne sais donc comment se fit l'affaire.

Mais après lui avoir vu engloutir la fortune publique, le bien-être individuel, la confiance réciproque, l'esprit de famille, la paix et souvent l'honneur, le gouffre, que tout cela — excusez du peu — n'a pu parvenir à combler, est toujours demeuré béant et attendant de nouvelles proies. Il est bien à craindre qu'il ne se ferme réellement qu'après que la société, à l'exemple de Curtius, s'y sera précipitée elle-même. Elle aura conquis la paix — du désert — des tombeaux ; Tacite nous parle de cette paix là :

*Ubi sollitudinem pacem.*

La politique, d'ailleurs, a ses docteurs homéopathes ainsi que la médecine, lesquels pensent et professent qu'on ne guérit de la révolution que par la révolution, et que plus on la prolongera, plus la cure sera certaine, parce qu'ainsi on use le mal. — Oui, et le malade en même temps.

Il est bien entendu que, pour que la révolution produise cet effet, il convient qu'elle soit gouvernée — par les homéopathes.

Le procédé n'est pas absolument neuf, mais en 1848 M. Caussidière a eu l'honneur de le baptiser en le définissant : *l'ordre par le désordre.*

Et M. Caussidière s'y connaissait ; il possédait ce qui manque à nos docteurs, une grande intelligence spéciale de la chose et de la manière de s'en servir, jointe à une énergie incontestable. Il n'est pas, lui, de ces praticiens musqués qui font de la révolution en gants jaunes et craignent de se salir les doigts en touchant la matière. Il la manipule à pleines mains, et pour surcroît, il avait eu le bonheur singulier de capter les sympathies des belles dames et des honnêtes bourgeoises de Paris, plus les suffrages de messieurs leurs époux !

Pour peu que cela eût duré encore quelques mois, M. Caussidière avait des chances pour être nommé président de la république.

Eh bien ! il a été amené à déclarer, dans la fameuse enquête faite après les journées de juin, que dès avant le 15 mai il se sentait débordé de toutes parts, que le désordre devenait sensiblement plus fort que lui, qu'au lieu de pouvoir encore compter sur ses fameux montagnards, il était presque leur prisonnier, leur ôtage. Ce quasi burlesque, mais inévitable revirement a été l'affaire de moins de deux mois. Pas davantage. Et il s'agissait de M. Caussidière.

Essayez donc, après cet exemple, de faire de *l'ordre avec le désordre*, d'arrêter la révolution par la révolution.

Il s'est trouvé à une autre époque, de désastreuse mémoire, une classe d'hommes qui, contemplant de loin le désordre qui se faisait sur la terre de France, se disaient : Bon, voilà qui va bien : ces gens-là travaillent pour nous ; la révolution se tue comme le serpent à sonnettes qui se mord la queue.

Tandis que ces insensés se frottaient les mains, le trône et la tête de celui qui l'occupait roulaient en même temps dans la poussière, la France se laissait décimer par la terreur, et la plupart des applaudisseurs, désabusés, mouraient désespérés avant d'avoir pu revoir leur patrie.

Oh ! disent leurs continuateurs, gens qui aiment à dormir et détestent qu'on les réveille ; — oh ! il n'y a plus rien de semblable à craindre ! La France est trop éclairée par le passé pour qu'on puisse l'y ramener. — Absolument ce qu'ils disaient le 20 février 1848, à qui exprimait la crainte que le fameux banquet n'eût la république pour dessert.

Est-ce qu'à l'apparition d'un Robespierre, d'un Marat, d'un comité de salut public, la France ne se lèverait pas comme un seul homme? Est-ce qu'elle peut r'avoir une Convention? Est-ce que l'assemblée nationale, même avec le suffrage illimité, ne renfermera pas toujours une majorité conservatrice suffisante, comme celles de la Constituante et de la Législative actuelle, pour paralyser les efforts des hommes pervers dès qu'ils s'en rencontrera?

J'aime à le croire; mais j'aimerais mieux avoir pour assurance une bonne démonstration qu'un acte de foi.

Je n'ai point vu la France se lever comme un seul homme pour renverser la Montagne sanglante de 1793. Il a fallu que celle-ci elle-même fît l'œuvre. Quelques soulèvements ont eu lieu; mais loin d'apaiser ses fureurs, ils ne faisaient que les exciter, et Lyon, Nantes, Auray peuvent nous dire quel a été le succès de ces soulèvements partiels; la mitraille et les noyades se firent les auxiliaires de la guillotine, voilà le plus clair du résultat.

— Mais la terreur régnait.

— Certainement. Croyez-vous que le pouvoir impie qui voudrait recommencer négligerait cette légère précaution? Il me semble que certains manifestes, certains toasts, certains bulletins sont assez explicites.

— Bon! croyez vous à ces manifestes, à ces bulletins, à la possibilité qu'il y ait des énergumènes, des fous, capables d'écrire sérieusement de pareilles atrocités? Ce sont de trèscondamnables plaisanteries si, ce que je ne serais pas très-éloigné de croire, ce n'est la police qui les fait fabriquer et répandre pour répandre en même temps l'alarme, soit au profit de certaines idées, —vous m'entendez ? —soit seulement pour entretenir la vigilance du pays; de même qu'un officier expérimenté crie : alerte! à ses soldats, quoiqu'il sache bien que l'ennemi est absent.

— Hé ! hé ! cela se peut bien ! Cette abominable police n'en fait jamais d'autres. Des journaux m'ont fait voir clair comme le jour, que c'est elle qui a crié : Vive la République ! au 24 février, qui a fait mine d'envahir la Constituante au 15 mai, qui s'est battue derrière les barricades de juin, et a sauté, un autre juin, par le vasistas que vous savez.

Braves dormeurs !

## XIII.

### L'Assemblée nationale peut-elle devenir une Convention ?

J'ai posé cette question à plusieurs personnes, qu'elle m'a paru étourdir comme un aérolithe leur venant tomber sur la tête. Il n'y a pourtant sujet à un si grand ébahissement.

Tout fleuve suit sa pente, c'est la loi de nature, c'est aussi celle des révolutions, et c'est bien ainsi que le comprennent les révolutionnaires. Celles-ci peuvent quelquefois s'égarer dans leurs cours; mais il faut tôt ou tard qu'elles arrivent malgré tous leurs détours à la grande mer, et la grande mer de la révolution de 1848 c'est le socialisme. Il n'y a pas à s'y tromper; il n'y a pas à le nier, soit pour endormir les autres, soit pour s'endormir soi-même.

Les hommes nets et francs qui l'ont préparée, qui l'ont consommée, ne s'en cachent pas ; beaucoup d'entre eux n'y vont qu'à regret, ils en ont donné des preuves, mais le courant les entraîne.

Et en effet ceux qui ont voulu s'arrêter à mi-chemin, sur la limite insensible qui sépare la république démocratique de la république sociale, limite qui n'a que la mince épaisseur de cette conjonction — et, — voyez ce que cette brave république a fait d'eux, qui prétendaient bien aussi gouverner la révolution. Elle les a déjà repoussés, culbutés, anéantis sous sa roue pour donner toutes ses voix aux socialistes. Ce sont ceux-ci qui trônent à la montagne et ceux-là en sont presque tous réduits à essayer de faire quelque bruit dans leurs journaux sans lesquels on ne saurait plus même s'ils existent.

Il y a là dedans un avertissement pour tout le monde. Qui en profitera?

M. Proudhon a écrit : nous ne sommes encore qu'en 1792. — Ce 1792 peut se prolonger, mais après lui vient de toute nécessité 1793, ainsi que le fruit vient après la fleur — triste fleur et plus triste fruit ! — à moins que la saison ou toute autre cause ne le fasse avorter.

Nous en revenons à ce raisonnement des endormis : nous n'avons point et nous n'aurons point de convention, la constitution s'y oppose, et c'est une des raisons pour lesquelles il faut se garder de la réviser. En France, et surtout par les temps qui courent, où l'imprévu joue un si grand rôle, le plus sage est de ne lui point ouvrir une porte par où il pourrait nous amener ce dont nous aurions à nous repentir

L'imprévu, en effet, nous le savons bien, n'a garde de toucher aux constitutions! Il leur est soumis avec la docilité d'un enfant, un peu terrible quelquefois.

Mais sommes-nous donc si éloignés d'une convention qu'il n'y ait qu'une révision qui puisse avoir chance de nous l'apporter? ou sommes nous de la nature des autruches qui, se cachant la tête derrière un caillou quand le chasseur les menace, pensent que dès qu'elles ne voient plus le danger, le danger n'existe plus.

La Convention de 1793 n'était point écrite non plus dans la constitution de 1791. On n'a pas eu besoin de la réviser toutefois pour procurer cet incomparable bienfait à la France. Cette plante là n'a pas besoin d'être semée dans la terre d'une constitution pour germer et produire ses fruits.

Mais elles pleuvent les conventions, regardez donc! et nous y sommes si bien faits que nous n'y pensons pas. Il suffit de taire le nom, la chose passe comme la lettre à la poste.

N'était-ce pas *une Convention* que ce sénat impérial qui prit sur lui de décréter souverainement la déchéance de la famille de Napoléon et le rappel de Louis XVIII?

Etait-ce autre chose qu'*une Convention* cette fraction de la chambre de 1830, qui rejette du trône une branche, en élève une autre sur le pavois, gratifie le pays d'une nouvelle constitution, bâclée en trois jours, et non-seulement dédaigne de s'appuyer du concours de l'autre chambre, son égale, instituée comme elle par la constitution encore en vigueur au moment où elle délibérait tout cela, mais l'écrase elle-même.

Ces Conventions ne furent point sanglantes comme celle de 1793 sans doute, mais ce n'est point de cela qu'il s'agit. Toute la question est de savoir s'il a pu en exister en dehors du régime de 1793, et les faits répondent : oui.

S'il a pu en exister sans élection, sans mandat, sans assentiment du peuple, et les faits répondent encore : oui.

Il est vrai que, dans le premier régime, la France était aplatie sous le joug de la terreur ; que, dans le second, elle s'affaissait sous la pression anormale d'une invasion ; que, dans le troisième, elle cédait à celle d'une révolution.

Mais la société ne se trouve-t-elle pas exposée aujourd'hui à l'invasion de sauvages bien autrement redoutables pour elle que ceux de l'Ukraine et du Volga ; et par hasard ne serions-nous pas en révolution ?

Pas n'est besoin, au reste, de ces deux grandes causes pour ouvrir les portes à deux battants à une Convention. La constitution de 1848 a pris soin de forger la clef et de la lui mettre à la main, et l'assemblée unique, créée par cette constitution, s'en servira le jour qu'elle voudra, si elle est trop impatiente pour attendre les cas constitutionnels pour lesquels cette clef a été faite.

Vous doutez ? vous allez voir.

## XIV.

### Le législatif et l'exécutif.

L'assemblée nationale perd à vos yeux le caractère de Convention, parce qu'elle est obligée d'obéir à une constitution, et parce que celle ci a institué à côté de cette assemblée un pouvoir exécutif indépendant, du moins prétendu tel, également élu par le peuple.

Mais l'assemblée devînt-elle tyrannique, despotique, violatrice de la constitution, oppressive contre ce pouvoir exécutif, il n'a ni mission d'arrêter les écarts de cette assemblée, ni pouvoir de se défendre lui-même contre ses attaques. Il peut nommer des ministres et faire des décrets ; l'assemblée peut bafouer ses ministres et défendre l'exécution de ses décrets par des lois, et lui, est obligé de publier ces lois et de les faire exécuter. Elle peut enfin, par mauvais vouloir, par caprice, par ressentiment, le décréter d'accusation, le juger, le faire exécuter dans les vingt-quatre heures, et lui ne peut pas même dissoudre ou seulement proroger cette assemblée hostile et conspiratrice.

L'art. 68 qualifie tous ces actes de résistance, si justes, si nécessaires, si légitimes qu'ils puissent moralement être, CRIMES DE HAUTE TRAHISON, et déclare, pour ce seul fait, le président déchu de ses fonctions, ordonne aux citoyens de lui refuser obéissance, et décide que *le pouvoir exécutif passe de plein droit à l'assemblée.* Commencez-vous à comprendre que la Convention pourrait bien n'être pas si loin qu'elle en a l'air?

Vous tombez dans le roman d'imagination, s'écrie la gent judaïque des légistes. Où avez-vous vu que l'assemblée eût le droit de juger le président? Vous oubliez qu'il y a une Haute Cour de justice? Achevez donc la lecture de cet art 68.

Je suis obligé de reconnaître mon tort. C'est en effet, dans un roman que je suis allé puiser la possibilité de toutes ces choses, dans un roman historique et politique, un triste roman, hélas! publié autrefois — par le *Moniteur* — où l'on raconte qu'en un certain pays, en dépit d'une certaine constitution qui déclarait un certain roi inviolable, donnait aux accusés des tribunaux réguliers et leur assurait le droit sacré de la défense, une assemblée, nommée aussi Convention, s'était constituée en cour de justice, — pardon, ô justice! — pour faire le procès à ce roi inviolable qu'elle condamna à mort sans appel et sans sursis.

J'y ai lu encore que cette assemblée avait institué, toujours malgré la constitution, qui disait tout le contraire, des tribunaux révolutionnaires pour juger les accusés *sans les entendre*, prononcer leur condamnation *sans phrase*, et les envoyer au fur et à mesure, du tribunal à la guillotine en permanence.

J'avais conclu que le retour des mêmes temps, s'ils devaient revenir affliger l'humanité, pourrait bien ramener des faits analogues; qu'un président responsable ne pèserait guère plus dans la balance d'une telle justice que ne pesa autrefois un roi inviolable.

Rien de tout cela n'est possible. Rien de tout cela ne s'est vu. C'est un pur roman dont j'ai eu la faiblesse de vous entretenir; n'en parlons plus.

## XV.

### Manière d'avoir constitutionnellement une Convention.

Est-il aussi impossible dans la réalité, que le pouvoir exécutif vienne à se trouver tellement annihilé en la personne du président, toujours d'après les errements de la constitution, que ce pouvoir disparaisse entièrement, pour ne laisser apercevoir que celui de l'assemblée? Et si cela est possible, ne serait-on pas en droit de dire, la chose arrivant : *la Convention est faite?*

On me concédera bien que le droit délégué par l'art. 47 de la constitution à l'assemblée d'élire le président de la république, si aucun des candidats n'obtient aux élections plus de la moitié des suffrages, et au moins deux millions de voix, n'est pas un roman.

Or, le nombre des électeurs, avec le suffrage universel illimité, est, dit-on, de dix millions environ ; avec le suffrage réglé par la loi du 31 mai, de sept millions plus ou moins.

En supposant que tous les électeurs votent, pour qu'aucun candidat n'obtienne deux millions, il faut admettre qu'ils étaient au moins six pour dix millions d'électeurs, ou quatre pour sept millions.

En supposant encore que le maximum des voix obtenues ne diffère du minimum voulu par la constitution, que d'une ou de quelques unités, et que l'assemblée se laisse influencer par ce nombre relatif, elle n'aura toujours fait que donner pour président à la république, l'élu préalable d'une très-petite minorité du pays.

Certainement dans la balance matérielle des voix, il n'y a pas grande différence entre un président élu par le scrutin avec deux millions de voix seulement, ou par l'Assemblée avec deux millions moins quelques voix ; mais en sera-t-il de même dans la balance morale ? Le président élu par l'Assemblée sera-t-il aussi indépendant à son égard, que s'il émanait directement du scrutin national ? n'y aura-t-il pas eu des engagements, des promesses, des conditions susceptibles de porter quelques atteintes à cette indépendance ?

Tout cela, au reste, se rapporte à des temps

normaux où les choses se passent avec une certaine régularité, où ce sont les majorités qui dominent.

Tout au rebours, quand les tempêtes éclatent, il n'est pas rare de voir les minorités remonter à la surface et s'emparer de l'autorité. Telle fut l'histoire de la Convention de 1793, dont la majorité, infiniment moins violente que la minorité, vota presque constamment sous l'impression et sous l'oppression de la violence de celle-ci.

Nous n'avons aucune garantie qu'il n'en n'arrivera pas autant quelque jour à l'une de nos assemblées nationales. Alors ce sera la minorité de l'Assemblée qui fera, du candidat de la minorité de la nation, un président.

Voulez-vous un autre cas? Relisez l'art. 68 où il est dit que, par le seul fait d'avoir *mis obstacle* à l'exécution du mandat de l'assemblée, le président est *déchu de ses fonctions*. Est-il si difficile de trouver matière à une semblable imputation? Avec un peu de bonne volonté, il peut suffire du simple refus de communication d'un renseignement, que dis-je, d'un simple délai.

Cependant, puisque d'après le même article, il doit y avoir jugement de la Haute Cour, vous croyez, braves gens, que c'est ce jugement qui prononcera la déchéance?

Détrompez-vous; elle résulte du fait. La Haute Cour ne s'assemble qu'après, pour juger... quelle peine peut avoir mérité le coupable.

Mais si elle reconnaît qu'il n'en a mérité aucune?

Eh bien! pendant le temps qui s'écoulera pour la convocation des jurés, pour l'information, et pour le jugement, il aura été procédé à l'élection d'un autre président, car l'art. 77 dit expressément que « si la présidence devient vacante par décès, démission ou *autrement*, — la déchéance *ipso facto* appartient bien à cet *autrement*, — il est procédé *dans le délai d'un mois à l'élection d'un président*. »

La Haute Cour peut constater à son aise que l'assemblée n'a fait au président qu'une chicane déloyale; mais celle-ci n'en sera pas moins débarrassée du président qui la gênait.

Le tour sera fait.

Or, savez-vous bien ce que peut être un agent exécutif nommé par la majorité de l'assemblée? « l'organe impérieux de ses volontés, l'instrument de ses supplices, et le valet de ce bourreau. »

Ce n'est pas moi, au moins, qui dit cela; c'est ce même Timon dont je vous ai rapporté plus haut une autre excentricité.

L'Assemblée nationale ne manque donc pas de moyens pour s'ériger réellement en Convention dans la force du terme, sans avoir besoin de changer une virgule à la constitution.

La perspective vous séduit-elle? Votez contre la révision.

La Montagne a parfaitement raison de s'y opposer de toutes ses forces, à la révision, car probablement elle ne lui conserverait pas des chances aussi favorables, et vous ferez fort bien, croyez-moi, de lui prêter votre appui; après quoi : vous vous mettrez à gouverner la révolution !

Quoi donc faire pour éviter un avenir si flatteur ?

## XVII.

### S'unir !

— Rien que cela ? nous voilà sauvés ! C'est en effet une chose si facile et si commune que l'union !

Je ne connais personne véritablement qui ne dise : Unissons-nous ! ce qui prouve que le besoin de s'unir est dans tous les esprits.

Le malheur est, à côté de cela, que chacun sous-entend toujours : unissez-vous à moi. Allons, faites donc quelques concessions à la nécessité, — et que je n'ai pas encore rencontré un homme disant à un autre : Je vais m'unir à vous en vous faisant toutes les concessions que la nécessité commande.

D'où il suit que chacun reste dans sa tente, gardant son quant à soi, attendant toujours l'autre qui ne vient pas et se dispose d'autant moins à venir, qu'il s'aperçoit qu'on lui fait plus d'instances ; de manière que toutes ces tentatives de rapprochements ne font guère que rendre plus sensibles les dissidences et accroître les divisions.

Ainsi se forment dans les rangs des amis de l'ordre des créneaux par où sauront se glisser agilement à point nommé les amis du désordre.

Les hommes n'ont besoin que d'un demi-mot pour s'entendre et s'unir sur certains points. Aucune division ne se glisse dans les esprits, quand on entend crier au voleur, au meurtre, au feu ! ou autres choses semblables.

Cela tient peut-être en grande partie à ce que l'accident est ordinairement spontané et laisse peu de temps à la réflexion. S'il en était autrement, qu'on eût le loisir de jeter dans la balance de l'argutie, les car, les si et les mais, probablement verrait-on s'établir là aussi des divergences d'opinions à la faveur desquelles le voleur s'échapperait, le meurtrier consommerait son crime et l'incendie étendrait ses ravages.

Quand il s'agira de défendre contre une aggression sauvage et insensée ces choses auxquelles l'homme tient autant et plus même qu'à sa vie, la propriété, la famille, l'inviolabilité du foyer, l'ordre public, tous les partis s'uniront dans une même pensée de répression, et l'on verra monter à l'assaut des barricades de Juin, des républicains, des légitimistes, des orléanistes, des bonapartistes. On ne délibère plus, on combat; on triomphe ou l'on succombe avec un égal honneur.

L'agression politique ou l'agression morale produisent un autre spectacle. Comme on croit toujours ici avoir le loisir de la délibération, toutes les susceptibilités se donnent celui de se mettre en jeu, et qui succombe dans la lutte contre l'ennemi commun, dont ses ergoteries et ses façons ont facilité la victoire, a encore pour lui cette insociale et maligne consolation de dire, en voyant l'insuccès de son rival : si j'ai succombé, j'ai le plaisir de voir qu'il n'a pas mieux réussi, et je n'ai pas à me reprocher de lui avoir tenu l'échelle.

Tout n'est pas également malicieux dans les désunions politiques. Quelquefois elles ne tiennent qu'au manque d'un terrain bien défini, sur lequels les opinions puissent se donner rendez-vous, pour se voir face à face, s'interroger, se répondre, et s'apprécier mutuellement.

Dire : faisons de l'union pour faire de l'union, c'est jeter des paroles en l'air qui ne savent à quoi s'accrocher en retombant; c'est vouloir bâtir un édifice à la manière des architectes d'Esope.

Tout édifice a besoin d'une base, d'un sol, sur lequel chacun apporte ses matériaux.

Dire en termes vagues : Unissons-nous dans l'intérêt du pays, c'est encore ne rien dire. L'intérêt du pays est cher à tout le monde, mais il y a mille manières de le comprendre.

Si un général, si des officiers criaient à leurs soldats : allons à l'ennemi ! sans leur montrer le chemin par où il faut y aller, ou si chaque officier prenait le chemin qui lui conviendrait, sans s'embarrasser de celui que suivraient les autres, pense-t-on qu'ils battraient l'ennemi et que ce ne serait pas eux qui s'en reviendraient battus, si toutefois ils s'en revenaient ?

De même, il n'y a pas de moyen plus sûr de nous faire battre par les ennemis de la société que de marcher contre eux à la débandade, chacun sous son pavillon.

Mais qui amènera le sien pour laisser l'autre flotter seul ?

Qui ? — Quelle nécessité y a-t-il d'en amener aucun, s'il est possible de ne former de tous qu'un faisceau ? C'est possible, mais peu facile à faire. Nous ne sommes pas pour rien les enfants de nos pères.

## XVIII.

### Ce qui perdit les Gaulois.

Les Gaulois, nos ancêtres, étaient une nation considérable, composée de plusieurs centaines de petits peuples, braves pour le moins autant que les Romains, ce n'est pas trop dire, ainsi que le prouvent leurs conquêtes dans les diverses parties du monde alors connu.

Ils osèrent s'attaquer à Rome elle-même, la prirent, et sans la vigilance de ce lourd et stupide volatile qu'on appelle une oie, l'aigle vorace des Césars était étouffée plusieurs siècles avant que de naître, et la reine de l'univers redevenait une simple bourgade, peut-être quelque chose de moins.

A cinq cents ans de là, la Gaule n'avait pas déchu, mais Rome avait cru tellement que les deux nations se frottaient l'une à l'autre, et prirent feu par l'effet du frottement.

Rome, alors maîtresse à peu près de l'univers, obligée de se tenir les bras croisés comme ces matamores qui ne trouvent plus d'adversaires, fut heureuse de saisir une occasion, qu'elle sut rendre sérieuse, d'essayer de venger l'affront qu'elle avait reçu cinq cents ans auparavant. Jules César s'en chargea, et ne s'en acquitta que trop bien.

Il connaissait la vaillance des Gaulois, mais il savait aussi que ces peuples n'étaient pas moins disputailleurs que belliqueux, qu'ils étaient toujours en guerre les uns avec les autres.

La présence d'un ennemi aussi redoutable que les Romains ne fut point capable de mettre un terme à leurs dissensions intestines, que César eut grand soin d'ailleurs d'entretenir et d'aviver sans avoir besoin de faire de trop grands efforts.

Malgré cette déplorable disposition des esprits, il ne fallut pas moins de neuf années à César, et la valeur de ses troupes, pour demeurer maître des Gaules converties en vastes déserts, car la moitié de la population s'était fait massacrer.

Qu'on juge de ce qui fût advenu, si une telle

nation avait su se tenir unie pour résister à ses agresseurs. Mais jusqu'à la veille de la funeste bataille d'Alezia (1), où elle rendit, pour ainsi dire, son dernier soupir dans le sang, la rage des divisions ne cessa de l'agiter pour la livrer plus sûrement à son exterminateur.

Que vous en semble ? ne sommes-nous pas les dignes fils de ces Gaulois ?

## XXI.

### La France tirée à quatre chevaux.

Si vous avez lu l'histoire, et même sans l'avoir lue, il n'est pas que vous n'ayez entendu parler de l'affreux supplice qu'on infligeait autrefois aux régicides. Ce supplice était l'écartellement. Il consistait à atteler un cheval vigoureux à chaque membre de l'assassin et à les lancer tous quatre à fond de train chacun dans une direction opposée. Il arrivait quelquefois que chacun emportait avec soi son membre disloqué et allait se précipiter sur la foule où il en brisait nombre d'autres.

La philanthropie a aboli ce supplice horrible qui n'avait pas empêché Henri IV d'être assassiné deux fois. Louis XV, néanmoins, ne le fut qu'une, et ce furent les cruautés exercées sur Damiens, cruautés incompatibles avec les mœurs d'un peuple doux, instruit et poli, ainsi qu'on disait alors, qui portèrent le dernier coup dans l'opinion à ces anciennes lois pénales révoltantes pour notre exquise délicatesse.

(1) Alise ou aujourd'hui Sainte-Reine (Côte-d'Or).

Le grand motif surtout, fut que l'atrocité de la punition semble, par un effet tout opposé à la logique, exciter le crime plutôt que le prévenir. C'est le grand argument qu'on emploie surtout pour provoquer l'abolition de la peine de mort.

En effet on n'a plus jamais revu de régicides. On peut donc regarder comme parfaitement probable qu'à partir du jour où l'on aura rayé ce terrible mot sur le Code pénal, il n'y aura plus ni assassins, ni incendiaires, ni brigands armés, ni traîtres pour livrer nos forteresses, les plans de nos généraux, ou le mot d'ordre à l'ennemi. De même que sa suppression en matière de crimes politiques nous a débarrassés à tout jamais des séditieux et des conspirateurs.

Mais ce n'est pas précisément de cela que je voulais vous parler ; c'était du supplice même.

— A quoi bon ? Vous ne voulez pas le retablir ?

Non ; nous n'avons plus de rois, et en eussions-nous, il est établi maintenant à peu près partout qu'un roi n'est guère qu'une espèce de cible vivante, qui ne se montre quelquefois en public que pour fournir, à des amateurs de tir au pistolet ou à la carabine, l'occasion d'essayer leur adresse. S'il y a encore de bons et de mauvais tireurs, il n'y a plus de régicides ; et l'on n'écartelle pas un homme pour avoir mis maladroitement à côté du but.

Ce qui me paraît étrange, c'est que le supplice, ce supplice affreux dont je vous parlais, subsiste néanmoins toujours, quoique le Code pénal n'en parle plus.

— Vous croyez ?

— Je fais mieux : j'en suis sûr ; et sûr, qui plus

est, qu'il y a encore tel lieu où il est accepté, subi volontairement, bénévolement.

—C'est donc sur les bords du Gange, où l'on voit des fanatiques se jeter sous les roues du char de l'idole de Jagernat pour se faire écraser, des femmes se brûler vives sur le corps de leur mari?

— Non.

Est-ce chez les Hurons, chez les Topinambous?
— C'est *en France*, — C'est donc à l'hôpital des fous?

— Parlez avec plus de respect et surtout parlez avec douleur. Le fou, c'est la France elle-même qui s'est laissée atteler des quatre membres à autant de partis, dont les efforts divergents la disloquent.

D'un mot elle pourrait faire cesser son supplice.

Mais elle a déjà perdu la parole dans les convulsions qu'il lui cause, déjà les oiseaux de proie s'apprêtent à se disputer ses lambeaux palpitants, et les mouches s'abattent sur ses plaies saignantes.

## XX.

### Que la France se prononce.

S'unir! j'en reviens à ce mot.

Jusqu'à ce jour, si l'on s'est uni fortuitement et transitoirement, l'union contractée tacitement et sans but d'avenir n'a presque fait tourner que contre la France, puisqu'elle ne lui a point rendu sa liberté et n'a presque servi qu'à prolonger un martyre, dans lequel ses forces s'épuisent comme celles de la toupie qui tourne continuellement sur elle-même jusqu'à ce qu'elle tombe, sans avoir avancé d'un centimètre.

Parce qu'il s'est fait de ces unions fortuites au mois d'avril, au mois de juin, au mois de décembre, on s'encourage à demeurer dans l'indéfini, dans le vague, comptant toujours sur le bénéfice de ces résolutions spontanées. Une situation où toute une société vit ainsi sans cesse au pied levé, est-elle tenable ?

On entend souvent ces propos : « Que la France se prononce, nous irons de son côté. » Mais dans ces manières de parler, la France est un mot, rien de plus. Qu'entendez-vous par la France ? A quoi comptez-vous reconnaître la France ? Et si vous ne voulez point lui obéir quand elle aura parlé, parce que vous contesterez qu'elle a parlé toutes les fois qu'elle ne parlera pas absolument comme vous, quels moyens aura-t-elle de vous convaincre — ou de vous contraindre ?

Une nation de trente-six millions d'individus ne prend pas l'initiative d'une formule quelconque. Elle n'a qu'une manière d'opiner, c'est de répondre par *oui* ou par *non* à une question toute préparée qu'on lui pose.

Ce oui ou ce non s'exprime par le mot même si on la consulte dans cette forme, ou bien par une adhésion, un refus implicite, une élection, manifestations plus ou moins claires que chacun, pour l'ordinaire, interprète au point de vue qui lui est propre.

La consultation directe par OUI ou par NON, est donc la manière la plus plausible de reconnaître l'avis d'un pays... quand on veut le connaître.

Le gouvernement provisoire était dans le vrai de la raison quand il annonça que l'adoption de la république serait soumise à la nation; il se mit dans le vrai de sa position spéciale quand il déclara le lendemain que la république était le gouvernement de la France.

Les théoriciens de la république s'étaient dit que, puisqu'il ne leur avait pas fallu plus d'une heure pour l'installer, la France entière était certainement républicaine et sa réponse non douteuse. Les praticiens de l'émeute, battus déjà tant de fois dans toutes les rencontres, en pensaient autrement et obligèrent le provisoire à renoncer à son illusion. Il se mordit les doigts de la gaucherie qu'il avait faite par sa déclaration de la veille et appliqua à la blessure le baume de la proclamation du lendemain.

Au lieu donc d'envoyer des bulletins de votes dans les départements, il y envoya des commissaires, des sous-commissaires, des circulaires, des bulletins de la république, et la France, prise au dépourvu, incertaine, déconcertée, désorientée, renvoya en réponse une constituante décolorée comme elle, qui ne sut être ni républicaine ni monarchique, et se contenta de nous bailler cette constitution qui n'est ni la vie ni la mort. Régime délétère à la faveur duquel la France se débat dans les langueurs d'une lente agonie.

## XXI.

### Entre quels partis peut se faire l'union ?

Je crois l'avoir déjà dit, toute union a besoin, pour se former et pour subsister, de reposer sur un fait, sur un principe, ou sur une formule.

Chaque parti a proposé le sien ou la sienne,

et chaque parti a été obligé de reconnaître son insuffisance individuelle, constatée moins encore par le nombre de ses adhérents que par celui des hommes qui ont gardé le silence.

On sait bien que les temps comme ceux-ci offrent toujours une grande quantité d'indifférents, de pusillanimes et de paresseux, que rien ne peut mettre en mouvement, et cela n'a rien qui doive surprendre, puisque nous voyons que dans une ancienne république, à Athènes, Solon déjà était obligé d'édicter des punitions sévères contre les citoyens qui, dans les séditions (il paraîtrait qu'il y en avait souvent), se tiendraient à l'écart. Il voulait, avec raison, que toutes les forces diverses se montrassent au grand jour, afin d'éviter que ce fut la moins considérable qui parvînt à opprimer les autres.

Si la France ne peut demeurer, sans risquer sûrement de périr, dans la position qui lui est faite, si d'un autre côté, aucun des partis qui la divisent et se la disputent, n'est en état de s'imposer aux autres, afin de faire cesser cette situation, il est évident, de la dernière évidence, que la double difficulté ne sera aplanie ou résolue que par l'accord de quelques-uns de ces partis.

Desquels?

Evidemment de ceux qui se touchent par quelque point commun.

Des quatre partis subsistants, il y en a trois qui sont essentiellement et ostensiblement monarchistes à un titre quelconque.

Il semble donc, pour peu que l'on consulte les lois de la logique ou de l'arithmétique. à qui tient compte des faits, accoutumés à jouer un grand rôle dans les affaires de ce monde, que c'est sur le seul terrain monarchique que peut et doit se faire l'accord.

Je ne parle point du parti anarchiste, celui-là s'exclut de lui-même, puisqu'il se met en guerre contre le monde entier. L'union contre lui peut se faire sur tous les terrains possibles, sans excepter celui de la république, et au besoin entre tous les partis honnêtes, monarchistes et républicains, ainsi que nous l'avons vu au mois de juin 1848, parce qu'alors tous se confondent dans un seul parti, le parti social.

## XXII.

### La France est-elle républicaine ?

Si trois partis sur quatre sont monarchistes, c'est apparemment que la France est en grande majorité monarchiste elle-même. Le parti républicain le conteste. Qu'il explique donc comment il s'est fait que le suffrage universel, inventé et exploité largement par lui, ne lui a point donné la majorité dans les deux assemblées successivement élues par ce suffrage ;

Pourquoi il est revenu sur sa déclaration, que le peuple souverain serait appelé à voter sur l'acceptation de la république, et l'a lui a d'office imposée au lieu de l'attendre ;

Pourquoi il crie si haut qu'il y a quelque chose de supérieur à l'autorité du peuple souverain : l'idée républicaine ; proposition parfaitement inutile, si cette idée n'est point contestée par la souveraineté du peuple ; parfaitement attentatoire à cette souveraineté, si elle n'exprime que l'opinion de ceux qui l'ont avancée.

Les propres efforts des républicains pour démontrer que la majorité au moins de la nation est républicaine, et leur insuffisance contre les faits, ne font que prouver le contraire de ce qu'ils voudraient prouver.

Or, comme il n'y a point de solution intermédiaire admissible, de ce que la France ne veut point se montrer républicaine, il faut donc conclure qu'elle est instinctivement ou délibérément monarchiste.

Elle l'est instinctivement, puisque, durant quatorze cents ans, nous ne l'avons point vue changer de régime, quoique bien des tentatives aient été faites. Monarchique Clovis l'a faite, et monarchique elle est demeurée.

Le vulgaire pense que Clovis s'empara de la Gaule, ainsi que l'avait fait César, et lui imposa la loi du vainqueur. Cela n'est point. Les Franks saliens étaient trop peu nombreux pour faire une pareille conquête. En s'alliant avec les Franks ripuaires, Clovis ne paraît pas avoir jamais eu plus de douze mille soldats de sa nation sous ses ordres, même à Tolbiac.

Il imposa si peu sa volonté aux Gaulois, qu'il les laissa libres de suivre les lois que les Romains leur avaient données, d'où ils avaient pris eux-mêmes le nom de Romains, car le souvenir du nom Gaulois était presque entièrement effacé.

Ces lois avaient encore des formes toutes républicaines, et, soit dit en passant, fort oppressives ; les républiques n'y vont point de main-morte avec les peuples qu'elles soumettent ; témoin Sparte avec ses ilotes, Athènes avec les Mégariens, Rome avec les Samnites, les Gaulois et tant d'autres.

Quand elles chantent à plein gosier :

Les peuples sont pour nous des frè-ères,

cette touchante fraternité est d'ordinaire tout

simplement le morceau de lard pendu au fond de la souricière.

La Gaule n'est donc devenue monarchique que parce qu'elle l'a voulu, parce qu'elle s'était formée peu à peu à l'habitude du gouvernement d'un seul, et elle se sera dit probablement plus d'une fois, en reportant les yeux sur son passé : si j'avais eu la sagesse de me laisser gouverner ainsi jadis, j'aurais été forte, unie ; je ne me serais point laissée exterminer et assujettir par les Romains.

Ce n'est point que sous ses rois la France n'ait eu que des jours sans nuages ; qu'elle n'ait jamais éprouvé de funestes catastrophes ; qu'elle n'ait pas été ravagée par les Normands, par les Anglais. Mais il est remarquable que ses calamités n'ont signalé que les règnes des rois qui avaient laissé périr leur autorité entre leurs mains ;

Que jamais, depuis Clovis, aucune dynastie étrangère n'est venu s'implanter sur notre sol et interrompre la succession de ses rois ;

Et que, si par l'effet de malheurs dont une grande nation ne peut se flatter d'être constamment exempte durant une longue période de quatorze cents ans, période qu'aucune autre nation n'a pu accomplir sans se transformer, sans s'amoindrir, sans s'incorporer, que si, par l'effet, dis-je, de malheurs terribles, la France s'est vue quelquefois, sous ses rois, tout près de disparaître de la liste des nations indépendantes, il est remarquable que c'est toujours le principe monarchique qui l'a sauvée, qui lui a rendu son énergie, sa grandeur.

Quand Hugues Capet se saisit de la couronne que laissait tomber la seconde race, déchue jusqu'au crétinisme, sa royauté se réduisait au seul comté de Paris, et à quelques hommages dérisoires que lui rendaient — quand ils y pensaient

— les grands vassaux, véritables rois eux-mêmes, et qui n'auraient fait qu'une bouchée du royaume de Hugues, si l'appétit leur en fût venu.

La France, alors, eût offert le spectacle de ces autres pays divisés entre une multitude de petits souverains, toujours en guerre les uns contre les autres. La France cessait d'être une nation pour n'être plus qu'une contrée.

Ces faibles restes du respect de la royauté, demeurés dans les esprits, suffirent pour empêcher la catastrophe d'anéantissement et pour permettre d'attendre Philippe-Auguste et saint Louis : la France fut sauvée par la monarchie.

Et je vais peut-être faire ici bondir quelques passions furieuses, — mais la vérité d'abord :

Ce fut encore la monarchie qui la sauva en 1815, lorsque, après la funeste bataille de Waterloo, des hommes, des Français — de nom, du moins, — se prétendant chargés d'une mission par le parti anarchique qui s'agitait sur les ruines de la patrie, s'en allèrent au quartier-général des alliés offrir :

Quoi ?

La couronne de France.

A qui ?

Au duc d'Yorck, ou au grand duc Constantin, — aux choix des étrangers !

Ce n'était point assurément la monarchie que voulaient ces hommes qui appelaient la domination anglaise ou la domination russe sur leur pays. Ils avaient essayé de la république avec leurs fédérés et leur chambre des représentants où siégeaient tant de vieux débris de la convention ; ils eussent été tout disposés à tenter le tour de main s'il n'y eût pas eu une armée victorieuse sous les murs de la capitale, et une autre armée à quelque distance qui, pour avoir été vaincue, n'en était pas moins prête à marcher contre l'anarchie.

Ils n'acceptaient la monarchie qu'en frémissant, et voulaient du moins la saper à sa base par l'exclusion, en un seul coup, des deux représentants du principe : Louis XVIII et le roi de Rome, pour lesquels ils avaient une haine égale.

Les étrangers se montrèrent plus Français que des Français : ils refusèrent, et la France resta la France.

Faut-il donc s'étonner, peut-on contester que l'instinct de la France ne soit monarchiste !

## XXIII

### Le principe monarchique et le principe catholique.

Mais d'ailleurs la monarchie est essentiellement le gouvernement des nations catholiques.

Il est inutile d'en développer ici la cause. Les faits suffisent, et ils sont sans réplique, quand même on voudrait leur opposer les républiques italiennes du moyen âge enterrées depuis longtemps ; la république helvétique, devenue en majorité protestante ; les républiques catholiques du Nouveau-Monde qui viennent à peine de naître, et font déjà une assez triste figure.

Il reste donc à se rabattre pour dernier argument sur la république de Saint-Marin, et l'on conviendra que l'argument n'est pas formidable.

Or, il se trouve précisément que la France est catholique, et de vieille date, ainsi que le prouve son titre de fille aînée de l'Eglise, avant même d'être monarchique.

Clovis arien n'eût fait que passer ainsi que les autres rois ariens qui régnèrent dans la Gaule en même temps que lui. Clovis catholique a fondé la grande nation.

Les ennemis de la monarchie le comprennent bien, voilà pourquoi ils s'efforcent de décatholiciser la France, ceux-ci par la multiplicité et la propagation des sectes, ceux-là purement et simplement par l'athéïsme.

Que la France le comprenne à son tour : tant qu'elle sera catholique de cœur, elle sera monarchique d'essence ; c'est l'union, ou pour éviter de mauvaises interprétations, c'est la simultanéité de la monarchie et du catholicisme qui a fait sa grandeur, sa gloire, sa pérennité, qui lui a assuré le privilége d'être la plus ancienne nation, le plus ancien empire, des nations et des empires existants, et de marcher à leur tête.

Est-elle lasse de ce beau rang et de ce rôle magnifique ? Elle sait ce qu'elle a à faire pour abdiquer.

## XXIV.

### Des partis monarchistes.

Les partis monarchistes n'étant pas disposés, selon toute apparence, à nier, à abandonner leur principe, et tous protestant qu'ils n'ont en vue que le plus grand intérêt de la France, il semblerait naturel qu'ils se réunissent pacifiquement pour examiner d'un commun accord lequel des trois offre le plus d'éléments de longévité, c'est-à-dire le plus de garanties d'un calme intérieur prolongé, à la faveur duquel les passions puissent avoir le temps de s'amortir, les intérêts celui de s'asseoir, la prospérité celui de se développer.

Chacun a bien en vue tout cela; seulement chacun établit *à priori* que c'est lui seul qui possède le talisman à l'aide duquel ces miracles peuvent s'opérer.

Et ce qui est pire encore, c'est que chacun dit aux autres, je ne saurais permettre que vous me discutiez sans me reconnaître discutable, par conséquent, sans commencer par désavouer mes antécédents, sans faire l'abandon de mon droit. Donc.....

Mon droit! qui donc parle de son droit quand il s'agit de la France! Et le sien s'il vous plaît! Est-ce qu'elle serait la seule qui n'en eût pas quand il s'agit d'elle? Que disent de mieux les républicains rouges? Ils parlent aussi d'un droit supérieur à celui de la France, qui passe avant tout; le droit de l'Idée. La France doit-elle donc ne trouver que des enfants arrogants, qui ne savent que substituer leurs volontés à celle de leur mère, que leurs intérêts particuliers, ou leur vanité puérile à ses intérêts qui sont cependant ceux de tous, à son juste orgueil qui rejaillit sur tous?

Votre droit à chacun comme à tous est de la servir avec dévouement et soumission, et s'il est juste de dire que les peuples ne sont point faits pour les gouvernements, que ce sont ceux-ci au contraire qui sont faits pour les peuples, il serait ridiculement absurde de prétendre que les peuples sont faits pour les partis.

Il n'y a que les gens qui croyent devoir proclamer la souveraineté du peuple, qui puissent se permettre de la bafouer ensuite, en lui disant qu'elle est cependant l'esclave née de leur parti.

Eh bien! si les partis monarchistes ne savent

pas plus que le parti qui leur est opposé se faire justice eux-mêmes, c'est à la France qu'il convient de se charger de ce soin.

## XXV

### Y a-t-il une monarchie de droit divin ?

Tout le monde est parfaitement fixé aujourd'hui sur ce point, que, s'il y a une monarchie qui s'appelle légitime, il n'y a point de monarchie temporelle de droit divin. La religion chrétienne dit au contraire que toute puissance vient de Dieu, et c'est à ce titre qu'elle recommande l'obéissance à toutes les puissances établies, sans faire acception d'aucune. Dieu ne descend pas jusqu'à ce point dans les affaires des hommes.

Jésus-Christ a obéi à Caïphe, à Hérode, à Pilate ; les apôtres et les martyrs ont obéi aux empereurs, aux proconsuls, aux gouverneurs. Aucun n'a songé, ni à décliner le pouvoir des juges iniques qui l'envoyaient à la mort, ni à fomenter des séditions pour se soustraire aux persécutions qui poursuivaient l'église naissante.

*Monarchie de droit divin*, ou si l'on veut, *du droit divin*, est donc une expression fausse, absolument inusitée, je crois, sous l'ancienne France, dans le langage ecclésiastique, dans le langage politique ; une expression qui semble avoir été inventée dans ces derniers temps, parmi tant d'autres calomnies que les besoins d'une polémique plus ardente que sincère faisaient chaque jour éclore.

En fût il autrement, celui qui viendrait aujourd'hui revendiquer un trône pour lui, ou pour autrui, au nom du droit divin, s'appuierait sur un mensonge.

On ne peut dire la même chose de la monarchie légitime ; celle-là existe réellement, mais on a encore trouvé moyen de fausser cette expression, pour satisfaire ou exciter des haines, en la traduisant : *droit à la possession personnelle et réelle de la France*; *droit du maître sur sa chose, du Seigneur sur ses serfs.*

Je ne veux point rechercher si, en abusant de l'ancien langage féodal, on ne trouverait pas, en apparence, de quoi justifier ces menteuses traductions, si par contre, ce ne sont pas précisément les rois — de la troisième race, ce qu'il n'est pas indifférent de remarquer, — qui ont commencé à développer en France la liberté politique par les affranchissements des communes et par les appels ; si ce ne sont pas eux qui ont aboli la vraie féodalité, bien auparavant que la révolution vînt grêler avec éclat, dans la fameuse nuit du 4 août 1789, sur le persil épargné par Richelieu et Louis XIV.

Légitimité monarchique ne signifie rien de plus de nos jours que *le droit de succession au trône selon l'ordre hiérarchique établi par la loi.* Consultez tous les dictionnaires possibles français et latins vous ne trouverez pas une autre signification au mot : *legitimus*, légitime, que : conforme à la loi, selon la loi. Vous n'y trouverez rien qui indique, d'une manière quelconque, le droit à la possession de la terre ou des hommes.

Rien qui annonce même que la France doit être assujétie à la loi qui a réglé cette hiérarchie, servilement, autrement que comme une nation peut et doit être soumise à une loi qui n'est pas émanée de Dieu. Et nous savons assez jusqu'où la France est capable de pousser cette soumission.

La légitimité n'est donc pour elle qu'un joug

de paille qui n'a rien de bien effrayant ni pour sa dignité ni pour sa liberté, puisqu'il ne dépend que d'elle, après tout, de lui rendre une valeur effective ou de s'y refuser.

Et ce qu'il y a de significatif, c'est que l'héritier légitime ne l'entend pas autrement. « Je suis aux ordres de la France, » dit-il.

En vérité cela est fort menaçant.

## XXVI.

### Les berceaux et les révolutions.

En 1830, un événement révolutionnaire à demi-avorté a expulsé cet héritier, encore enfant, pour substituer à la branche quasi tranchée quelques années auparavant par le poignard de Louvel, une autre branche de la même famille qui n'avait encore d'autre droit légitime qu'un droit d'hérédité éventuel.

La nouvelle charte lui en a créé un imminent au nom de la souveraineté du peuple. C'est également au nom de la souveraineté du peuple que ce droit a été supprimé au bout de moins de dix-huit ans, avec la monarchie elle-même qui a dû faire place à la république.

Ici encore c'est un enfant qui a été chassé et qui, de même que l'hériter de la branche aînée, végète dans l'exil où les avaient précédés tous deux un autre enfant né avec le titre de roi sanctionné par la victoire, et que la victoire devait presque aussitôt lui reprendre.

Trois orphelins jetés successivement, dans le court espace de trente-quatre ans, du seuil du plus beau trône du monde sur la terre étrangère, pour méditer sur l'instabilité des grandeurs humaines, sur la fragilité des sceptres, sur les caprices étranges des révolutions, sur l'effroyable consommation de trônes et de dynasties qu'elles ne cessent de faire,

Et sur cette singulière destinée de la France nouvelle qui ne place jamais que des princes quasi au sortir du berceau, en face de ces remuements terribles qui la minent jusques dans ses entrailles.

## XXVII.

### Pourquoi l'Empire est fini.

Les hommes qui ne connaissent l'histoire que par les livres, et seulement par les livres dont leurs préventions ou leurs préjugés déterminent le choix, sont exposés à commettre beaucoup d'erreurs sur les faits, et encore plus sur leurs causes.

J'ai entendu souvent des jeunes gens tout imbus des poétiques récits de l'Empire, demander comment il se fit que toute la France ne se leva pas jusqu'au dernier homme pour repousser l'invasion étrangère, et défendre le héros qui lui avait donné tant de gloire?

C'est tout simplement parce que l'Espagne, Moscou, Dresde, Leipsick, Waterloo avaient dévoré des générations entières, dont la disparition se fait encore sentir; parce que la France, longtemps enivrée d'une gloire sans égale, fléchissait dépeuplée, ruinée, consternée, sous le poids de maux sans pareils.

C'est que toutes les manufactures étaient fermées faute de travail, et les champs abandonnés faute de bras; c'est que les dons volontaires forcés, pour achat de chevaux, équipements d'hommes, gardes d'honneur, allaient chercher le dernier écu au fond des bourses; c'est que l'armée ne se recrutait plus qu'avec des enfants de dix-huit ans, qui étaient, le premier jour de leur arrivée, mis en face de l'ennemi, blessés ou tués le second, et le troisième jetés en terre ou renvoyés chez eux avec un bras ou une jambe de moins.

C'est que la même main qui avait écrasé l'anarchie, avait saisi la liberté à la gorge, peuplé les prisons d'état de détenus enlevés par la police politique qui pénétrait dans les secrets, dans les douleurs, dans les murmures de toutes les familles.

C'est que tout le monde à peu près, en voyant de telles calamités, en était venu à dire: « n'importe comment, il faut que cela finisse; » et que des gens qui avaient depuis longtemps oublié les Bourbons, ou qui n'en avaient qu'à peine entendu parler, disaient hautement, car le temps de la retenue était passé: « Eh bien! vivent les Bourbons, s'ils peuvent nous apporter la paix! »

Voilà pourquoi l'Empire tomba deux fois comme il est tombé. Voilà pourquoi il ne fut et ne put être dans l'histoire de la France, qu'un épisode aussi funeste par sa fin qu'il fut salutaire et magnifique par ses commencements et pendant une partie de sa durée.

Comment donc, dira-t-on, expliquer l'enthousiasme qui lui servit d'escorte du golfe Juan à Paris, en 1815?

Par la haine de l'étranger dont la présence fit promptement oublier la cause qui l'avait amené; par le prestige de cette étonnante gloire militaire dont le souvenir survécut seul à celui des désastres qui l'avaient suivie, et qu'entretenaient les récits enthousiastes des vieux soldats imprudemment condamnés à une fatale oisiveté.

Mais quelles populations se levèrent, après le 18 juin 1815, pour protester contre l'abdication arrachée par la chambre des représentants, pour crier : vive l'Empire ! déjà enseveli au Champ de Mai dans les lambeaux de l'acte additionnel ?

La France a une seconde fois acclamé le nom du héros de Marengo et d'Austerlitz au mois de décembre 1848, mais qu'on ne s'y méprenne point: c'était à la mémoire du héros vainqueur de l'anarchie, du restaurateur de l'ordre, que s'adressaient les acclamations, et non à l'Empire. Ce n'était point pour refaire un empire que les voix des légitimistes, des orléanistes et même des indifférents s'éloignaient des candidats républicains, sans excepter les vainqueurs de juin, pour s'unir aux voix des bonapartistes.

Rien ne prouve mieux qu'il est fini, que cet accord, sur un nom, d'opinions qui seraient si opposées à la chose. Il montre qu'on le considère comme pouvant être utile sans pouvoir être redoutable. L'Empire a passé ainsi qu'une comète dont l'éclat éblouit, et dont la queue s'éteint d'autant plus qu'elle s'élargit pour se perdre enfin dans le vague.

Le bonapartisme n'aura donc de valeur efficace pour le bien de la France qu'autant qu'il ne se posera pas en parti impérialiste. Renfermé dans cette sage limite, il a déjà rendu au pays un immense service dont celui-ci ne peut manquer d'être reconnaissant. Il a rempli le rôle de Manlius et sauvé le Capitole. Ce rôle est assez beau et doit suffire pour préserver du désir de courir vers la roche Tarpéïenne.

Mais il n'y a que les insensés qui se lancent

dans de tels hasards, et l'homme que la France a élu n'est point un insensé. La meilleure preuve de sa sagesse, c'est qu'il a laissé passer les occasions où tout semblait le convier à dire aussi : *Alea jacta est*. Le comble de la folie consisterait à croire que de telles circonstances se représentent indéfiniment à l'homme qui ne sait, ou ne peut pas saisir celles qui s'offrent d'abord.

L'Empire est fini, non parce qu'il est tombé, mais parce qu'il a accompli sa mission transitoire, et qu'il n'aurait pas de raison d'être ;

Parce qu'il ne saurait espérer sortir de l'isolement où le laisserait le défaut d'adhésion des autres partis monarchistes, et que pour lui, comme pour tout autre parti, l'isolement c'est la défaite, — la mort.

## XXVIII.

### De la fusion entre les partis Bourbonniens.

S'il est possible que deux partis s'unissent, cette union ne saurait donc logiquement se réaliser qu'entre ceux dont les chefs, issus d'une même et antique origine, se confondant dans les souvenirs de la France, ont été appelés à subir les mêmes épreuves.

1830 a creusé entre ces deux partis une profonde tranchée. Qui jettera le pont qui leur permettra de se rapprocher? Et le pont fait, s'il peut l'être, lequel des deux le passera ?

Voilà deux grandes questions dont la solution n'est rien moins que le salut ou la perte de la France.

D'un côté de la tranchée est un principe, de l'autre côté un fait. Rien n'est plus tenace qu'un principe ; rien n'est plus absolu qu'un fait.

Pendant qu'ils se regardent tous deux immobiles, au fond de la tranchée est la France condamnée par eux à peu près au supplice de l'âne de Buridan, qui mourut de faim faute d'avoir su se décider entre deux mesures d'avoine placées l'une à sa droite, l'autre à sa gauche.

Si ce n'est pas la faim qui menace la France, c'est un torrent qui profite de la tranchée pour se précipiter vers elle et l'engloutir. On ne saurait dire pourtant que la faim ne s'en mêlera pas à son tour, et le manque de travail, la suspension des affaires résultant de cette inertie, ne commencent déjà pas mal à nous donner un avant-goût de la chose.

Les matériaux ne manquent pas cependant pour construire un pont, mais il y a des gens à qui prend le vertige à la seule idée de le passer, et qui font tous leurs efforts pour élargir la tranchée afin de le rendre impossible. Ils piochent et repiochent les deux bords à coups d'arguments de la force de celui-ci.

« Quand vous aurez converti à cette idée — de fusion — un certain nombre d'hommes aussi éminents que vous pourrez le supposer ; quand vous aurez réuni sous ce pavillon, aux hommes immobiles de 1815, quelques centaines et même quelques milliers de déserteurs de 1830 ; ajoutons : quand vous seriez parvenus à faire acquiescer à un arrangement les princes d'Orléans eux-mêmes, croyez-vous que vous auriez obtenu pour cela le succès, et que la nation laissera ainsi une coterie, une faction, un parti, si vous voulez, disposer d'elle sans son aveu ? »

Et encore :

« Nous sommes bien convaincus que la fusion fût-elle consommée, la concorde ne durerait pas longtemps entre les fusionnistes. Les princes d'Orléans, redevenus simples princes du sang, consentiraient-ils à oublier les dix-huit années du règne de leur père?

« Et s'ils paraissaient s'en souvenir et en être justement fiers, le leur pardonnerait-on? A moins qu'on ne parvînt à rayer de l'histoire et de la mémoire des peuples ces dix-huit ans d'un règne glorieux et prospère, n'y aurait-il pas toujours, d'un côté, ceux qui ont servi sous ce règne et qui ont tout fait pour l'affermir, et de l'autre ceux qui l'ont détesté et qui ont tout fait pour le renverser? »

Ces citations résument les principaux arguments des antifusionnistes et peuvent servir à faire juger des autres.

Il faut être dans une assez grande pénurie de moyens pour n'en pas alléguer de meilleurs. Tout cela n'est qu'un manteau décousu de toutes parts, sous lequel se cachent ou croyent se cacher de grosses rancunes et de petites ambitions.

Ce n'est pas, mon Dieu! que la supposition d'une coterie, d'une fraction essayant de disposer à son gré de la France, soit tellement monstrueuse qu'elle ne puisse s'étayer de beaucoup d'exemples.

Et par exemple, puisque nous sommes sur ce mot, si j'avais l'honneur de discuter avec la coterie, la fraction, ou le parti des adversaires de la fusion, comme il voudra s'appeler, je lui demanderais ce que je lui ai peut-être demandé plus haut sous une autre forme, ce qu'il fait, qu'il ne reproche à la fusion, quand il vient se jeter comme un cheval de frise, ou un hérisson, entre elle et la France pour les empêcher de communiquer l'une avec l'autre afin de savoir si elles peuvent ou non s'entendre.

Si, en agissant ainsi, il n'entend pas disposer d'elle à son gré?

Si elle lui a donné carte blanche pour agir en son nom, sans même prendre son assentiment, — quand et comment cela s'est fait, — où est sa procuration?

Les hommes du parti répondraient, je n'en doute pas : notre procuration, c'est l'établissement de Juillet.

— Et si la France qui l'a laissé tomber, l'a reconnu insuffisant?

— Il ne l'a été, répondraient-ils encore, que parce que nous n'avons pas été exclusivement chargés de le diriger; nous seuls pouvions suffire à la tâche.

— Vous pouviez être très-suffisants ; c'est une qualité que personne ne songe à vous contester; mais comment se fait-il que les votes de votre parti ne l'aient jamais été pendant dix-huit ans pour vous maintenir au pouvoir! La France se défiait donc de votre suffisance? Elle vous a traités absolument comme elle a traité depuis les républicains. Est-ce là ce qui vous fait croire qu'aujourd'hui elle est disposée à se laisser aveuglément remorquer par vous partout où il vous plaira la traîner?

On pourrait leur demander encore, sans trop de curiosité : combien donc êtes-vous enfin, et que voulez-vous?

On écrit en gros caractère sur son chapeau : *1830*. On parle beaucoup de la gloire du règne de dix-huit ans, de la haute sagesse et de l'habileté profonde du roi Louis-Philippe, oubliant qu'on n'a cessé, durant ce règne, de gémir de l'abaissement de la France devant l'étranger, des hontes de la paix à tout prix, de protester contre la volonté immuable et le système personnel; qu'on voulait emprisonner la haute sagesse et la profonde habileté du monarque, aujourd'hui si vantées, dans cette cage de fer ministérielle sur la porte de laquelle on écrivait : LE ROI RÈGNE ET NE GOUVERNE PAS.

Enfin, n'importe : on se nomme DIX-HUIT CENT TRENTE, on s'affiche orléanistes. Mais que les princes d'Orléans, diantre, n'aillent pas s'aviser de penser qu'ils peuvent disposer d'eux sans le congé de ces chauds serviteurs! qu'ils se gardent surtout de la fusion comme de la peste, car ils ne seraient plus alors que les hommes d'une coterie, d'une fraction, tout au plus d'un parti, et ceux qui s'appellent DIX-HUIT CENT TRENTE par excellence n'admettent pas que la fusion puisse être jamais rien de plus.

Quant aux autres serviteurs de l'établissement de Juillet qui n'en jugent pas de même, ils ne sont que des palinodistes, des renégats, des traîtres; selon la doctrine du même aéropage, qui dit fusionniste, dit tout cela ni plus ni moins.

Les princes y regarderont certainement à deux fois avant de donner ces soucis à ces amis qui ont *si bien servi le règne de leur père, si bien fait tout ce qui pouvait l'affermir*, et qui l'ont si bien affermi en effet.

Oh! des serviteurs solides et respectueux surtout, je vous en réponds!

Si cependant, il faut tout prévoir en temps de révolution, les princes allaient être d'un autre avis, penser que le salut de la France peut bien demander une grande abnégation à ses enfants pour faire cesser de funestes divisions qui la perdent, et que c'est surtout à des princes qui ont fait profession de n'avoir d'autre volonté que la sienne, qu'il appartient de lui donner cette preuve de dévouement, qu'adviendrait-il selon les purs, les invariables de 1830 ?

Premièrement, qu'ils resteraient eux, immobiles comme des bornes du côté qu'ils ont choisi, sans qu'aucune considération les en puisse faire sortir.

Secondement, que les princes d'Orléans, *redescendus* au rang de princes du sang, ne se présenteraient jamais aux Tuileries que pour dire à quiconque, d'un ton d'enfants terribles et mal élevés : « N'oubliez pas que notre père a régné dix-huit ans et que nous en sommes fiers, entendez-vous ? » ou qu'ils ne parleraient jamais des choses du temps, fût-ce de la pluie ou du soleil, que sur le mode lacrimal du *Soldat laboureur* des Variétés.

Or, les purs qui détestent les hommes de coterie, de fraction ou de parti, toutes choses qu'un pur doit avoir en horreur, n'en continueraient pas moins de faire de l'orléanisme de 1830, moins les princes d'Orléans, plus habiles que ce cuisinier qui, pour faire un salmis de perdreaux, prétendait avoir absolument besoin de perdreaux.

Vous ne comprenez pas bien peut-être ce que c'est que 1830, sans la maison d'Orléans ? Je vais vous le dire : c'est la république. Si vous en doutez, rappelez-vous l'histoire des dix jours qui se sont écoulés du 29 juillet au 9 août.

Ainsi ceux qui crient : vive 1830 quand même ! ne crient pas autre chose que : vive 1848 ! Ce sont eux en effet qui ont donné les premières adhésions à la république, improvisée par des hommes qui venaient, soi-disant, acclamer la régence, et imposée *définitivement* par un gouvernement *pro-*

*visoire*, comme si tout devait être anormal dans ces terribles et burlesques moments. En France le burlesque se mêle toujours un peu de tout et à tout. La terreur n'en a pas été exempte.

## XXIX.

### Ne point laisser faire son portrait par ses amis.

Je ne sais plus qui donnait ce conseil, mais ce n'était pas un sot.

Nous nous étions figuré jusqu'ici les princes d'Orléans des hommes pleins d'honneur, de droiture, de loyauté, et voilà que des amis nous les peignent en tapageurs, en casseurs d'assiettes, pouvant bien faire un traité, mais toujours prêts à chicaner sur son exécution, pouvant bien consentir à redescendre au simple rang de princes du sang—je ne sais pas trop ce qu'ils sont de plus dans la hiérarchie de juillet, — enfin ne consentant à cette dérogation, puisque c'en est une, que pour protester sans cesse, envers et contre tous.

Nous pouvions les croire assez bons juges de leur propre dignité pour n'avoir pas besoin de tuteurs officieux qui les empêchassent de la compromettre ; nous nous étions encore trompés, ce ne sont en définitive que de pauvres cerveaux, incapables de se diriger par eux-mêmes.

Nous leur croyions assez de discernement pour, la première jeunesse passée avec ses inexpériences, ne donner leur confiance et leur amitié qu'à des hommes d'une fidélité éprouvée, et voilà que nous apprenons qu'ils les accordent ou les conservent, ce qui est encore bien pis, à des hommes de coterie, de faction, qui ont la perfidie de vouloir que deux des grands partis entre lesquels se divise la majorité de la France, se donnent la main pour mettre un terme à cette funeste division.

Véritablement ils ne nous disent pas que les princes partagent les opinions de ces amis perfides; mais voilà qu'on annonce de tous côtés que les princes ont déclaré qu'ils ne feraient rien de contraire à la fusion, et que si la France exprimait le désir qu'elle se fît, ils sont tout prêts à lui obéir.

## XXX.

### Une première fusion.

Reconnaissons que, malgré leurs prétentions, les hommes opposés à la fusion peuvent émettre quelquefois de bonnes vérités.

Ainsi ont-ils fait quand ils ont dit que la fusion, eût-elle obtenu le concours des plus éminentes capacités, celui des princes d'Orléans, et même de plusieurs milliers de partisans, n'aurait aucune valeur réelle si la France s'y refusait.

C'est de la haute politique.

On pourrait retorquer l'avis en disant à ceux qui l'ont donné: Vous aussi, nos braves seigneurs, vous tirerez votre poudre aux moineaux si la France ne veut pas s'associer à votre opposition à la fusion.

Ce dont il est question, ce n'est donc pas d'imposer n'importe quelle volonté à la France; il ne s'agit que de lui demander de manifester la sienne.

On a vu, au mois de décembre 1848, si elle sait s'y prendre quand le moment est venu, s'il y a oppression, compression, résistance qui tienne.

Le parti bonapartiste peut bien avoir cru que c'est lui qui l'a entrainée, qui a rendu possible presque en un clin d'œil ce qui la veille encore paraissait impossible, et quelque chose de plus.

C'est une erreur, voilà tout, dont la suite aurait pu le détromper.

Il a pensé et il pense que l'épée de Napoléon a tout fait au 18 brumaire et au 12 prairial. Napoléon, malgré ses victoires d'Italie et d'Egypte, n'eût été qu'un factieux, si la France, révoltée et dégoûtée de la révolution et de ses fruits — la Convention et le Directoire, — n'eût pas déjà préparé *in petto* ces deux événements.

On peut se rappeler comment en 1848, furent accueillies les premières tentatives, pour faire admettre la candidature du *prince Louis-Napoléon* à la présidence *de la république.* Le parti bonapartiste était seul alors.

Plus tard la France s'avisa.

Elle se prit à penser qu'elle ne pouvait voter avec plus d'éclat contre la surprise de février qu'en votant pour le neveu de l'homme du 18 brumaire ; qu'elle ne pouvait mieux témoigner la volonté d'en finir avec la révolution qu'en lui opposant le nom de l'homme qui doit lui être le plus antipathique, infiniment plus que celui d'un roi même, car les révolutions savent bien qu'il n'y a plus guère des rois que pour les laisser se préparer à l'aise, et leur céder la place quand elles jugent à propos de s'en emparer : mais le soldat qui leur a mis son talon de fer sur la gorge, c'est tout autre chose.

Donc, quand la France s'est dit : Le prince

Louis-Napoléon est l'homme qu'il me faut pour le moment, aussitôt légitimistes, orléanistes, républicains modérés même, se sont trouvés réunis, *fusionnés*, et six millions de suffrages ont obéi à la volonté de la France.

Cette fusion si imprévue, s'est accomplie sans résistance, comme par enchantement, au moment donné, quoique cependant les anti-fusionnistes ne manquassent point, et que l'activité, le sarcasme, l'ironie, ajoutons le pouvoir hostile, et toutes les ressources qu'il donne, ne leur manquassent point à eux-mêmes. Elle s'est accomplie malgré eux, et, qui plus est, avec le concours de bon nombre d'entre eux, comprenant à la fin qu'il est inutile et même immoral de lutter contre la volonté devant laquelle tout homme honnête doit s'incliner, la volonté du pays.

Mais en sera-t-il de la seconde fusion comme de la première?

Si l'on tient à le savoir, il faut loyalement interroger la France, et non se poser au devant d'elle pour lui jeter des arguties semblables à des chataignes enveloppées de leur cosse épineuse dans le fond du gosier, dès qu'elle ouvre la bouche, afin d'y arrêter la parole peut-être prête à sortir.

Ce soin, outre qu'il est peu respectueux, annonce peu de confiance chez ceux qui le prennent; on serait tenté de dire que c'est la précaution de la peur.

S'ils ont peur, c'est donc qu'ils démêlent quelques tendances de la France à se rallier à l'idée de la fusion. Alors quel rôle jouent-ils dans cette comédie des Dupes d'eux-mêmes?

## XXXI.

### Ce que veut la France.

Elle est malade, elle veut guérir.

Elle est agitée, elle veut le repos.

Elle est ruinée, elle veut sortir de la ruine.

Elle vogue depuis trois ans sur une mer sans rivages, elle veut trouver un port.

Elle voit la société qui chancelle sur ses bases, la moralité publique qui se perd au milieu des désordres; elle veut raffermir l'une et sauver l'autre. Elle se sent déchirée par des haines; elle voudrait les calmer.

Elle veut enfin recouvrer la paix, l'honneur et la prospérité.

Ce ne seraient peut-être pas, après tout, choses si difficiles pour elle, si elle les voulait fortement.

Ce qui l'embarrasse par-dessus tout, c'est le COMMENT. Et, au fait, trente-six millions de volontés ne trouvent pas souvent ce *comment* par la simple inspiration spontanée.

Durant de longs siècles, c'était là une question de sentiment. On ne discutait point les rois en France; on les aimait, on les vénérait, et la France était célèbre pour cela entre les nations. On n'avait pas encore inventé les ministres responsables — qui ne répondent de rien — et les rois inviolables — qu'on ne viole guère moins que des chartes ou des constitutions, quand on ne leur coupe point la tête, — et cependant il était tellement entré dans le cœur du peuple que le roi ne pouvait être pour lui qu'un père incapable de vouloir le mal, que quand ce peuple avait à se plaindre de quelque méchante mesure, de quelque exaction nouvelle, il ne manquait jamais de dire : ah ! si le roi le savait !

Aujourd'hui ce n'est pas cela. Un roi est un fonctionnaire à qui l'on demande des comptes, même avant qu'il ait rien fait ou pu faire. Ce n'est pas la France qui se soumet à son bon plaisir; c'est lui qui attend celui de la France. La France le veut ainsi : je ne dis pas qu'elle ait tort; je crois que c'est son droit, même quand elle en abuse — c'est ici qu'est le tort.

Mais de quoi parlé-je, puisqu'il n'y a plus de roi et que la France est républicaine — au moins pour la forme et transitoirement.

Les uns disent que c'est elle qui a choisi cette forme, les autres qu'elle lui a été imposée dans un guet-apens, au moyen d'un tour de main. Choisie ou imposée, il paraît clair qu'elle n'y tient que médiocrement. Elle a applaudi quand l'Empire l'en a débarrassée pour la première fois, et il est peu probable qu'elle ait eu l'intention de la rendre plus durable pour la seconde, lorsqu'elle élisait un prince, le neveu précisément de l'empereur, à la présidence de cette république, et envoyait une majorité monarchiste à l'assemblée nationale.

Mais la monarchie se présente à elle sous trois formes.

La monarchie légitime ou traditionnelle personnifiée dans la branche aînée des Bourbons;

La monarchie improvisée dite constitutionnelle qui se personnifie dans la branche cadette ;

La monarchie impériale, dont l'expression est Louis-Napoléon *tout seul*.

Nous avons déjà remarqué que l'empire est hors de cause dans le débat, qu'il n'a plus aucune raison d'être parce que l'épée de Marengo et

d'Arcole, dont il s'était fait un sceptre et qui n'aurait rien de trop pour dominer des circonstances bien autrement menaçantes que celles vis-à-vis desquelles il s'est trouvé, gît avec le guerrier qui la portait, sous le dôme des Invalides.

Je ne sais si le prince Louis-Napoléon a rêvé sérieusement l'héritage complet de son oncle. Ce que j'ai cru savoir de plus certain, c'est qu'il se considérait comme chargé d'une grande mission providentielle dans l'intérêt de la France ; — ce qui lui est arrivé déjà, prouve qu'il ne s'était pas entièrement trompé ; — qu'il était bien disposé à obéir, au prix de tous les sacrifices, aux ordres que la Providence lui manifesterait par les moyens qui lui sont propres ; mais qu'il ne pensait pas qu'il appartînt à lui de prendre l'initiative.

Il est réel que, chaque fois qu'il a paru vouloir la prendre, il a échoué, et que c'est lorsqu'il n'a rien fait, que le succès lui est venu

Ses amis intimes peuvent savoir si ce caractère un peu fataliste qu'il tient sans doute de son oncle, et peut-être aussi de son aïeule, est bien le sien, surtout s'il ne s'est pas modifié plus ou moins dans la possession du pouvoir, et dans l'expectative du terme rapproché où la Constitution l'en dépouille. Il expliquerait parfaitement d'ailleurs ce qui a paru à bien des gens inexplicable dans sa conduite, et démentirait complétement les velléités de coup d'Etat qu'on lui a si souvent prêtées, toujours sans preuves.

De tels caractères peuvent avoir leur grandeur, leur dévouement, leur utilité pour un pays, mais ils n'ont rien de ce qui sert à fonder ou même à relever une dynastie qui ne compte encore que son chef, lequel même n'a pu fournir sa. carrière complète sur le trône.

Un pays peut envisager ceux qui les possèdent comme de précieuses ressources, comme de salutaires auxiliaires; il peut leur vouer une grande reconnaissance s'ils remplissent le rôle que la Providence leur attribue avec talent et loyauté, mais non jouer ses destins sur leur tête.

## XXXII.

### Sans stabilité point de prospérité pour un pays.

Ce qui fait que la France n'est point républicaine, c'est moins le mot et la forme, — en tant qu'il s'agit de la république honnête, — que l'agitation perpétuelle que ce mode de gouvernement provoque, les péripéties incessantes auxquelles il expose le pays, et cette menace perpétuelle de l'inconnu qui ouvre la porte à toutes les suppositions, à toutes les probabilités sans excepter les plus alarmantes.

Par cette porte ouverte s'enfuit la sécurité, et avec elle la prospérité, première préparation à la réalisation des fâcheuses hypothèses.

Aujourd'hui que le sentiment inné ne couvre plus les rois, c'est le calcul qui ramène les esprits à la monarchie, et il faut convenir qu'il n'est pas dépourvu de bon sens.

Il n'y a pas un ouvrier, si peu instruit qu'il soit, qui ne sache parfaitement, par expérience, ce qui est la meilleure manière d'apprendre, que du moment où l'inquiétude s'empare des esprits, les bourses se resserrent, parce que celui qui a de l'argent devant lui, se dit : Si je me hâte de le dépenser, suis-je sûr qu'il m'en rentrera, que mes locataires, mes fermiers, pourront— ou voudront — me payer; que mes marchandises ou mes denrées se vendront?

Celui qui fait travailler se dit : si je prends des engagements, en supposant que je trouve du crédit, ai-je la certitude de pouvoir les remplir?

Et alors commencent le chômage du travailleur, le jeûne et le dénuement de sa famille.

Nous avons vu cela arriver sous les monarchies, rien n'est plus vrai, mais du moins c'était à intervalles assez longs, quoique malheureusement trop multipliés, — surtout imprévus, ce qui permettait à la confiance de s'établir pendant un certain temps et au pays d'en profiter.

Tandis qu'au contraire la république organise le mouvement et le trouble à échéances fixes, inévitables et très-rapprochées, ce qui est nécessaire pour contenter toutes les ambitions impatientes, et encore.... !

Il est évident que si vous dites à tous les ambitieux: vous pouvez arriver, c'est votre droit, il convient de les faire languir le moins qu'il est possible. Quatre ans, c'est déjà bien long pour ceux qui visent à la présidence. Par opposé, c'est bien court pour ceux qui la tiennent.

Par égard pour ceux qui trouvent que c'est bien long, la constituante a voulu que le premier élu à ces fonctions n'en jouît que trois ans. Il y avait tant de prétendants alors dans l'assemblée, que de bons collègues ne pouvaient moins faire pour eux. Elle comptait sans la France qui n'a voulu d'aucun.

Mais cet égard pour les ambitieux, encore plus favorisés par la non-rééligibilité qui accroît leurs chances, va mal au contraire à l'esprit de la

France, si léger et si changeant qu'il soit, parce qu'elle ne tarde pas à reconnaître que rien n'est plus funeste pour ses intérêts.

Un des pères de la Constitution, anti-révisionniste comme de juste, nous dit : « Rome a commandé à l'univers sous des consuls annuels. » Il ignore, apparemment, ou feint d'ignorer qu'il y avait aussi à Rome un sénat de patriciens, non pas changeant tous les trois ans comme notre assemblée, mais perpétuel, et que ce sénat était l'âme de Rome, tandis que les consuls n'en étaient que les bras. Il oublie de dire que le déclin de la république romaine a suivi la même progression que l'affaiblissement de l'autorité du sénat, provoqué par l'invasion de la plèbe.

On dit encore : « voyez l'Amérique ! Les Etats-Unis fleurissent sous un président quadriennal comme le nôtre. »

Mes bons messieurs, l'Amérique est l'Amérique : et la France est la France.

Lors de la guerre de l'indépendance, les Américains avaient les yeux fixés sur la France qui leur prêtait un appui efficace, en vue d'affaiblir l'Angleterre notre amie douteuse, qui néanmoins n'a pas cessé de s'accroître et qui est devenue notre ennemie cordiale. La France était assez belle et prospère à cette époque. Comment se fit-il que les Américains, échappés au despotisme de l'Angleterre, ne se soient pas donné, par sympathie, un gouvernement semblable au nôtre, lorsqu'ils ne conservaient pas celui du pays d'où ils venaient ?

C'est tout simplement parce qu'ils étaient Américains, et que notre gouvernement n'allait ni à leur esprit, ni à leur tempérament, ni à leurs intérêts.

Il en est de même de nous par rapport à eux.

Pourquoi ne nous propose-t-on pas de commencer par parler anglais et changer le nom de Paris en celui de Washington ou de New-York?

Les gens à moyens termes, qui comprennent tout ce qu'ont de funeste ces renouvellements triennaux ou quadriennaux, mais qui n'osent jamais avoir une opinion complète, se contentent, par accommodement, de la prorogation décennale des pouvoirs présidentiels.

Sans doute dix ans valent mieux que quatre, surtout pour qui ne considère que son individualité. C'était le temps que demandait le charlatan de la fable pour apprendre à lire au baudet du roi. Dix ans, il ne lui fallait pas davantage.

> . . . . . . , . . . . . Avant l'affaire,
> Le roi, l'âne ou moi nous mourrons.

Et ma foi, après moi la fin du monde! un autre roi le disait bien au siècle dernier, et nous sommes devenus tous des rois.

Mais la société qui ne meurt point, et qui doit vouloir vivre, ne saurait s'accommoder de ces rendez-vous donnés de dix ans en dix ans aux révolutions, du moins aux troubles, d'autant plus sérieux que le prix de la lutte sera plus important.

Alors la présidence à vie....

Ah! nous y voilà!

Qu'est-ce que la présidence à vie, sinon la royauté élective? voulez-vous savoir ce que vaut la royauté élective? Allez le demander à la Pologne et où elle l'a conduite.

## XXXIII.

### Républicains ou monarchistes.

Soyons franchement républicains, avec tous les risques attachés à ce titre, ou soyons franchement monarchistes, afin de profiter des avantages de la monarchie, et pour savoir dans ce dernier cas laquelle des deux monarchies en contact nous en offre le plus, examinons leur passé ; c'est encore le moyen le plus sûr de pronostiquer leur avenir.

La monarchie héréditaire a duré près de neuf-cents ans dans la race Capétienne. — La monarchie de juillet n'a pu accomplir une période de dix-huit ans. Elle a succombé même du vivant du roi qui a eu le triste bonheur de l'inaugurer au milieu des barricades et de la guerre civile. Ce n'est pas un reproche que je lui adresse, je sais tout ce que les circonstances enfermaient de périls pour la France, et je crois qu'il fallait un grand dévouement pour s'exposer simultanément aux colères des partis qui voulaient tout autre chose, et aux reproches cruels des amis de la branche dépossédée.

Il est facile de comprendre cependant qu'une longue succession régulière de neuf cents ans a dû laisser des traces plus profondes dans les instincts du pays, qu'un court passage de dix-huit ans, et accuse une force vitale bien autrement énergique. Il ne faut donc point s'étonner si d'un côté on trouve plus de véritables affections, de l'autre plus de satisfactions personnelles.

Cette légitimité a rencontré dans son cours bien des accidents qui ont paru prêts à la faire succomber, et dont elle a toujours fini par triompher. La hache du 21 janvier 1793 elle-même n'a pu la trancher ; l'Empire, si glorieux, n'a pu l'étouffer : et il ne lui a pas fallu plus de vingt et un ans pour revenir donner deux nouveaux rois à la France.

J'ai entendu faire cette objection : la royauté de Juillet n'était qu'à son début ; qui peut dire quelle carrière elle avait à fournir dans l'avenir, et si elle n'eût pas été aussi longue et aussi brillante que celle de la branche aînée, sans l'événement qui est venu la renverser lorsqu'elle ne faisait pour ainsi dire que de naître.

Ceci rappelle assez cet argument d'un brave homme devant qui l'on parlait d'un centenaire : si mon grand-père ne fût pas mort, il avait une santé assez robuste pour aller bien au delà de la centaine.

Je ne veux pas dire par là que la branche cadette est morte. Je la crois au contraire très-vivante et même très-vivace, et je m'en réjouis pour elle et pour la France. Mais enfin, nous ne pouvons faire que dix-huit soient égaux à neuf cents, et nous ne pouvons pas consciencieusement attendre neuf siècles pour laisser établir l'égalité.

On fait cet autre raisonnement.

« Il est vrai que, depuis 1793, la légitimité est revenue en France, mais ce n'a été que pour y tomber de nouveau en 1830 ; preuve qu'elle a fait son temps ; qu'elle n'y a plus de racines. »

Fort bien ! mais ne peut-on pas dire de l'autre royauté qu'elle n'a pu en pousser, et que c'est pourquoi elle est tombée si facilement au premier choc, prise exactement au même piége qui avait renversé l'autre ?

Oh ! mais, réplique-t-on, même à fragilité

égale, le privilége de l'hérédité doit céder le pas à celui de l'élection, parce que, dans le premier cas, le peuple ne fait que recevoir aveuglément ce que l'hérédité lui transmet, bon ou mauvais, et que, dans le second, c'est lui qui fait son choix avec discernement.

A la bonne heure ! Restons donc en république, c'est le meilleur moyen d'offrir au peuple l'occasion d'exercer son choix et son discernement, et, ce qui vaut mieux, de rectifier, au bout de quelques années seulement, les erreurs de ce choix, de ce discernement, s'ils se sont fourvoyés.

Mais vous repoussez à la fois, d'un côté, la république, de l'autre, le droit de l'hérédité. Les bienfaits que la royauté élective a procurés à la Pologne me paraissent vous toucher peu. Que diantre voulez-vous donc ? une royauté issue des sept roues de la fameuse loterie des lingots d'or qui ne se tire jamais ?

— L'établissement de Juillet....

— Eh bien ! l'établissement de Juillet est, de même que la monarchie traditionnelle, fondé sur l'hérédité. Le comte de Paris n'a quelque droit qu'en vertu de l'hérédité, absolument comme le comte de Chambord. Est-ce parce que c'est un enfant, que vous le préférez à son cousin qui est un homme fait ? ce sont apparemment les douceurs d'une régence et de cette longue minorité intellectuelle qui suit la majorité légale d'un roi de quatorze ans, qui vous tentent. Je comprendrais cela si vous aviez la prétention d'être un jour ses tuteurs.

— Et pourquoi pas ? et si ce n'est nous, pourquoi ne serait-ce pas nos amis ?

— Ah ! je conçois maintenant vos motifs !

— Et puis, c'est la monarchie de notre choix,

l'ouvrage de nos mains. C'est nous qui l'avons créée et mise au monde, et qui lui avons dit : marche.

— Vous auriez bien dû éviter de lui mettre tant de bâtons dans les jambes, tant de pierres devant les pieds, et vous auriez bien fait d'essayer de la faire respecter un peu mieux, ne fût-ce que par orgueil paternel.

Mais si vous avez fait en 1830 cette monarchie, à 221, est ce que ce n'est pas la France qui a fait celle de Hugues-Capet? Est-ce que le fondateur de la troisième race n'a pas été élu et acclamé dans l'Assemblée de la nation, autant qu'il était possible de la convoquer, alors que la France se trouvait réduite à la petite portion de territoire qui avait conservé ce nom.

— Mais à cette assemblée où il y avait des barons, des évêques, des bourgeois, on cherche en vain le peuple.

— Hélas ! c'est vrai. Ce que nous appelons aujourd'hui le peuple était serf, et n'y assistait pas. En 1830, il était libre, mais je ne sache pas qu'il ait été appelé davantage à délibérer ni acclamer dans l'assemblé des 221 qui ont institué l'établissement de juillet. Je ne pense pas que vous teniez compte, comme expression du vœu national, des acclamations qui ont eu lieu, après coup, sur la place de l'Hôtel de Ville, quand M. de Lafayette, l'Épiménide de 1789, vint prononcer au balcon sa fameuse phrase en pathos monarchico-républicain; car si vous leur accordez quelque valeur, il faudra bien en accorder aussi à celles qui ont accueilli plus tard le gouvernement provisoire.

Je sais bien que vous direz que les acclamations de 1830 étaient poussées par le vrai peuple, celles de 1848 par le faux peuple; mais tout gouvernement qui triomphe est toujours sûr d'en recueillir sur la place publique. Napoléon, Louis XVIII, Charles X ont eu chacun les leurs, aussi bien que Louis-Philippe, aussi bien que le gouvernement provisoire, aussi bien que le général Cavaignac, aussi bien que le président de la république. N'oublions pas enfin qu'il n'y a pas jusqu'à cette ignoble hyène, appelée Marat, qui n'ait obtenu les siennes. Il fut de plus porté en triomphe par les rues, du tribunal révolutionnaire qui venait de l'absoudre le 1er juin 1793, à la Convention, où, dès le lendemain 2, il provoqua la proscription et la mort de la Gironde.

Les ovations de la place publique ne signifient donc rien moralement; elles sont, dans les temps de révolution, promptement remplacées par d'autres; et c'est toujours au nom du peuple qu'elles sont décernées, et souvent il est bien difficile de démêler si c'est, comme vous disiez, le vrai peuple ou le faux peuple.

## XXXVI.

### Trois partis légitimistes pour un.

La force du principe de l'hérédité est telle que tous les partis monarchistes s'en appuyent. N'est-ce pas l'hérédité impériale que défendent les bonapartistes, en la personne du neveu de Napoléon? N'est-ce pas le même principe que mettent en avant les orléanistes purs, en faveur du comte de Paris? Comment les uns et les autres osent-ils contester l'application que les légitimistes en font à leur tour au comte de Chambord?

Il n'y a pas plusieurs manières cependant d'être l'héritier de son père. Il n'y a pas de principe mieux reconnu que celui de la légitimité de l'hérédité, puisque chacun de ces trois partis l'invoquent et que ces trois partis composent la grande majorité de la France?

On ne peut pas le nier chez l'un sans être obligé de le nier chez l'autre; ce n'est donc pas un, ce sont trois partis légitimistes que nous avons en présence. Je n'ajouterai même pas à ce que je viens de dire pour le prouver, qu'aucun, probablement, n'avouerait qu'il soutient une cause illégitime.

Si le principe est le même, cela veut-il dire que les droits sont égaux par rapport à la France? C'est une autre question, tirée de ce que l'hérédité monarchique existe, non pas au profit de l'héritier, mais au profit de la nation.

Qui donc jugera, si ce n'est elle-même, des trois droits en litige, celui qui lui est le plus favorable?

J'ai tort de parler de trois, puisqu'il a été établi plus haut que l'Empire n'ayant plus sa raison d'être se trouve hors de cause, et qu'il est évident d'autre part que l'hérédité impériale ne peut impliquer naturellement ni légalement pour la présidence élective de la république.

Restent donc les deux royautés dont les représentants ont si bien reconnu le droit de la France qu'ils ont déclaré attendre sa décision.

C'est désormais à elle à prononcer.

## XXXV.

### Avantages pour la France de la situation relative des deux branches.

La France ne manquera pas de se rappeler qu'elle a laissé tomber successivement trois monarchies par effroi d'une régence : l'Empire, la restauration, l'établissement de Juillet. Elle a eu l'instinct plus que la mémoire des calamités que presque toutes les régences lui ont valu.

En 1848, elle est tombée de la régence dans la république : je ne sais ce qu'elle a gagné au change : mais en supposant même qu'elle trouve le remède pire que le mal, il est probable que si elle se décide un jour à jeter le remède par la fenêtre, ce ne sera pas pour se contenter du mal qui la laisserait toujours sous la menace d'un retour au remède.

Il est donc clair que, si elle ne veut pas de l'un, elle ne peut vouloir davantage de l'autre.

Elle semblerait être parvenue à un de ces états désespérés, où l'on ne sait plus, comme on dit vulgairement, à quel saint se vouer.

Mais Dieu qui ne veut pas qu'elle périsse, qui veut du moins lui mettre sous la main jusqu'au dernier moment les moyens de salut, lui a ménagé une circonstance assez singulière, pour qu'on n'hésite pas à la considérer comme providentielle, une circonstance qui ne s'est rencontrée, que je m'en souvienne, dans l'histoire d'aucun autre peuple.

C'est qu'en rentrant dans le cours naturel de l'hérédité, les choses, en apparence si pleines de difficultés, s'arrangent, se concilient d'elles-mêmes : l'héritier de la branche aînée reprend son rang ; l'héritier de la branche cadette, en reprenant le sien, voit s'ouvrir pour lui une succession exempte de toute contestation, de toute commotion, suivant l'ordre de la nature, qui semble avoir voulu s'associer aussi à l'accomplissement de ce grand acte de fusion, commandé par l'intérêt de la France, en refusant des enfants à madame la comtesse de Chambord.

C'est même un grand bonheur que de ne trouver en présence l'un de l'autre que deux princes dont l'un, précisément celui qui personnifie plus particulièrement l'hérédité, est un homme fait, éprouvé par l'adversité, pour qui les leçons de cette dure école des rois n'ont pu demeurer stériles, un homme susceptible de s'engager par sa propre parole ; dont l'autre n'est encore qu'un enfant soumis sans doute aux mêmes leçons, mais encore incapable par son âge d'en profiter, et n'offrant pour garantie, pendant longtemps, que des engagements pris par autrui.

Ainsi, dira-t-on, c'est parce que c'est un enfant qu'il convient de le dépouiller!

On peut sans doute faire un bel étalage de sentimentalisme à ce sujet, oubliant qu'on n'a pas fait autre chose en 1830, non pour rentrer dans la vieille loi fondamentale de la monarchie, mais pour violer cette loi protectrice qui sauva tant de fois la patrie.

On prétendait alors s'appuyer sur l'intérêt de la France. C'est aujourd'hui de même, par l'intérêt de la France, qu'on appuie la doctrine de la fusion.

Elle dit à la France, si profondément ébranlée par les terribles secousses qu'elle a subies : si tu tiens passionnément à rentrer dans un état normal, seul capable de te rendre la paix et la prospérité égarées au milieu des décombres que ces commotions ont multipliées autour de toi, ton premier besoin doit être de rétablir la monarchie sur sa base normale ; une chose appelle l'autre ; tu ne peux logiquement abandonner l'une sans renoncer à l'autre.

Le respect que tu porteras au principe de l'hérédité monarchique sera la plus sûre consécration de l'hérédité particulière. Quand on viole d'abord un principe au sommet de l'échelle, comment espérer de le conserver intact aux échelons inférieurs? Ceux qui dépouillent les rois, enseignent à traiter plus tard les particuliers comme des rois. C'est assurément un fort grand honneur, mais auquel ils se déroberaient volontiers. N'est-ce pas depuis qu'on s'est mis à spolier la royauté systématiquement, qu'on a vu se développer tant de systèmes attentatoires à la propriété?

Tout se tient, dans une société organisée ; c'est un collier d'où l'on ne peut laisser échapper une perle sans voir toutes les autres la suivre. Combien, hélas! sont déjà tombées, qu'il sera peut-être impossible de retirer du bourbier où elles se sont enfouies!

## XXXVI.

### La féodalité et le pouvoir clérical. — Les priviléges et l'inquisition.

Les esprits opposés à la fusion, dans le sens du retour à l'hérédité normale en la personne du comte de Chambord, y prêteraient les deux mains si elle devait se faire dans le sens inverse; si elle ne tendait pas, comme ils disent, à donner raison au parti légitimiste. Ils l'ont avoué naïvement; ils ont prétendu que les deux termes de la proposition sont parfaitement égaux.

En bonne conscience cela est-il soutenable? ne serait-ce pas une œuvre contre nature? Dans quel almanach du bon jardinier ont-ils vu qu'on coupait un vieux tronc pour l'enter sur un arbrisseau? La théorie et la pratique n'enseignent-ils pas tout le contraire?

Alors, objectent-ils qu'on laisse donc là le vieux tronc, qui ne nous promet que des fruits dont nos estomacs et notre goût se sont désaccoutumés.

Voulons-nous en revenir, après plus de soixante ans, au bon plaisir, à la féodalité, aux priviléges, au pouvoir clérical, à la dîme, à l'inquisition peut-être; les travailleurs renonceraient-ils à la liberté qu'ils ont acquise pour se soumettre de nouveau au joug des jurandes et des maîtrises, etc.

Longuette en est la triste litanie.

Nous ne voulons rien de tout cela assurément, ni les uns ni les autres, pas plus que nous ne voulons, dans un autre sens, en revenir aux comités de salut public et des recherches, aux confiscations, aux tribunaux révolutionnaires, aux assignats et au maximum.

Vous savez bien, vous qui évoquez ces souvenirs d'un ancien régime, si anciens eux-mêmes qu'à l'époque de la révolution la plupart n'appartenaient plus qu'à une histoire déjà presque oubliée, vous savez bien que presque tous ces abus avaient été supprimés par la royauté elle-même.

*La féodalité.* — Depuis Philippe-Auguste, c'est-à-dire depuis le XIIe siècle, les rois de la troisième race n'ont cessé de lutter contre elle jusqu'à Richelieu et Louis XIV qui l'ont réduite à n'être plus qu'une ombre vaine et parfaitement inoffensive, une simple distinction honorifique, fâcheuse sans doute pour la vanité bourgeoise, de même que la vanité bourgeoise a fini, quand la féodalité a été entièrement abolie, à devenir insupportable à la vanité du prolétaire. A qui persuadera-t-on qu'un roi quelconque prêterait la main au rétablissement d'une chose que la royauté a combattue si longtemps, avec tant de constance, d'énergie, jusqu'à ce qu'elle l'ait abattue.

*Les priviléges.*—Où peut-il s'en nicher aujourd'hui que l'égalité de l'impôt, l'égalité dans l'application des lois, l'aptitude de tous aux grades, aux emplois, aux dignités, font partie du droit public de la France ; après qu'un roi a dit lui-même : tout soldat porte un bâton de maréchal dans sa giberne ?

Quoi ! les rois voudraient rétablir des priviléges, des exemptions qui ont fait la désolation des règnes de leurs prédécesseurs, qui ont provoqué tant de troubles, tant de misères où la royauté se crut si souvent prête à périr !

Allons donc ! cela se dit aux sots. Cela se dit aussi au peuple qui ne sait de l'histoire que ce que veulent bien lui dire les gens intéressés à le tromper. Chaque parti a son père Loriquet, et le parti révolutionnaire en a plus d'un.

Les rois supprimeraient donc les assemblées délibérantes élues par la nation ? Quelle force auraient-ils, je vous prie, pour cela ? L'Empire a pu le faire, c'est vrai ; mais l'Empire était l'Empire, et le jour même où la royauté est revenue, son premier acte a été de restituer les assemblées à la nation.

Que ces assemblées n'aient pas fait ce qu'elles eussent dû faire, c'est possible ; mais était-ce la faute du roi ou la faute de ceux qui les avaient élues ?

*Des priviléges.*— Je ne sache, malgré les chansons bonapartistes de Béranger, et les pamphlets beaucoup plus sarcastiques que véridiques de P. Courier, que la noblesse ait repris beaucoup de priviléges ; mais ce que je sais très-bien, c'est que 221 députés plébéiens en 1830 se sont fort bien arrogé celui de renverser une monarchie, d'en instaurer une autre et de faire une charte à leur guise, sans que personne ni loi au monde le leur aient conféré.

*Le pouvoir clérical, la dîme, l'inquisition.* — Grands mots dont on se sert pour épouvanter les niais et les ignorants. Qu'est-ce, je vous prie, que le *pouvoir clérical* avec la liberté de conscience, et destitué, par conséquent, de l'appui du bras séculier, ainsi qu'on disait autrefois? Est-il, je ne dirai pas un curé, mais un évêque qui ait le pouvoir de contraindre qui que ce soit d'aller à la messe et de se confesser, d'empêcher une religieuse — on s'attendrit beaucoup sur les religieuses — de sortir de son couvent et de jeter son voile aux orties?

Je sais bien qu'on a fort exploité, sous la restauration, les souvenirs d'une triste époque, pour évoquer le grotesque épouvantail des billets de confession; mais moi, qui ai bien quelque raison de prétendre connaître ce qui se passait il y a vingt-cinq ans, un peu mieux que des faiseurs d'épigrammes et de caricatures, j'affirme que jamais on n'a été plus libre, pas même à présent, de se dispenser des devoirs religieux.

On a fait grand bruit de certaines rigueurs à l'occasion de certains enterrements. Ces rigueurs ont eu lieu aussi bien sous le régime de juillet que sous celui de la restauration, et le gouvernement et le Conseil d'Etat ont fini par reconnaître que si, dans ces circonstances, la liberté de quelqu'un avait éprouvé des violences, c'était celle du prêtre et du chrétien.

La *dîme* est un pur coq-à-l'âne, lorsque les traitements du clergé sont payés par l'Etat et les dépenses des bâtiments par les communes ; quant à l'*Inquisition*, il faut encore supposer n'avoir affaire qu'à des imbéciles pour les entretenir de l'idée qu'on pourrait bien rétablir en France, au XIXe siècle, ce qui n'a pu s'y acclimater même au XIIIe.

Mais, après tout, peut-être préféreriez-vous le Comité des recherches institué par la Convention, cette inquisition républicaine dont les hauts faits nous sont un peu mieux connus que ceux de l'autre ; — ou la haute police de l'Empire qui n'avait pas dans les prisons d'Etat, en 1810 ou 1811, moins de huit cents prisonniers, enlevés à leurs familles sans qu'elles pussent même savoir ce qu'ils étaient devenus.

Le *Nain jaune*, prédécesseur du *Charivari*, les venimeux pamphlets de Paul Courier, les joviales chansons de Béranger, ont bien pu chercher à amuser et même à effrayer le peuple de mille fantômes ridicules et de burlesques calomnies vieilles comme les facéties de Voltaire, qu'elles ne faisaient que réchauffer ; mais ce n'est ni avec des caricatures, ni avec des facéties, ni avec de la fantasmagorie qu'on enseigne la vérité à une nation et qu'on la met à la hauteur de ses destinées.

— Et les jésuites étaient-ce des fantômes ? la loi du sacrilége était-ce une facétie ?

— Mon Dieu, je ne suis point jésuite ; je suis de l'avis que j'ai entendu exprimer par un très-vénérable évêque, qu'on peut être un fort bon chrétien et un fort bon prêtre sans être jésuite.

Néanmoins je comprends mal, ou plutôt je ne comprends pas du tout, cet acharnement de la part de la gent libérale et de la gent révolutionnaire contre les disciples de S. Ignace de Loyola.

On leur reproche une doctrine, plus ou moins

controuvée, qui favorise la restriction mentale, la spoliation, le régicide.

Vraiment entre des gens capables de prêcher ces vilaines choses et ceux qui se sont glorifiés d'avoir joué la comédie de quinze ans, ou qui ont crié vive la réforme pour avoir la république, ou qui veulent la confiscation de la propriété, le droit au travail et l'égalité des salaires, ou qui chassent les rois et leur coupent un peu la tête de temps en temps, il semblerait qu'il ne dût y avoir que la main :

Mais il y a plus apparemment — Quoi? Je ne sais. — Serait-ce rivalité d'école tout simplement?

Rien de cela ne prouve que la monarchie et les jésuites soient deux choses intimement liées l'une à l'autre. C'est la monarchie légitime qui a provoqué la destruction de l'institut des jésuites au XVIIIe siècle. C'est la monarchie légitime restaurée qui a fermé leurs écoles en 1828. C'est la monarchie constitutionnelle qui les a poursuivis jusqu'à Rome en 1847, pendant que d'autres jésuites, ceux de la comédie de quinze ans et de la réforme, la poursuivaient elle-même.

Et depuis que la république, précisément parce qu'elle n'est pas une république, — à la façon de certains, — a eu l'intelligence de les laisser s'établir paisiblement où et comme ils ont voulu, leur a ouvert même les portes de l'enseignement public, jamais, que je sache, ils n'ont moins fait parler d'eux. Ce qui prouverait qu'ils ne sont pas au fond si redoutables que leurs antagonistes se plaisent à nous les représenter et qu'on peut, en définitive, chanter d'eux comme Ali dans la *Belle et la Bête* :

Ces esprits dont on nous fait peur,
Sont les meilleures gens du monde.

Et *la loi du sacrilége!* — oh! je ne l'eusse certainement pas conseillée je l'avoue ; écrire le mot sacrilége dans les lois d'une société encore aux trois quarts voltairienne, c'était commettre une discordance par trop flagrante. Mais comme après tout c'était particulièrement aux pillards, aux voleurs d'églises que la loi s'attaquait, je laisse à leurs philanthropiques amis le soin d'empêcher qu'on la rétablisse.

*Les jurandes et maîtrises.* — J'allais oublier cet abus, ce qui n'eût point été pardonnable à moi, défenseur des intérêts des ouvriers, et qui leur ai promis tout le premier, après l'installation du socialisme au Luxembourg, de leur dire toujours la vérité. Eh bien ! ces institutions, créées d'abord avec leur propre concours, ce qui signifie qu'elles avaient pour objet de concilier leurs propres avantages avec ceux des maîtres, autant qu'ils étaient compris alors, finirent par devenir oppressives et intolérables. Ce fut justice de les supprimer.

On fait accroire aux ouvriers d'aujourd'hui que c'est à la révolution de 1789 que leurs prédécesseurs ont dû ce bienfait? Mensonge. Ce fut à la royauté, à une époque où elle était bien loin de prévoir la révolution, au roi Louis XVI ; l'édit est de 1776. Qu'on dise à présent à ce bon peuple que le rétablissement de la monarchie légitime serait le signal de celui de ces institutions viciées.

Le vieux libéralisme lui a dit et répété tant de sottises et tant de menteries qu'il faudrait faire un volume pour les réfuter, et ce sont ceux qui l'en ont nourri pendant si longtemps qui, par une indigne dérision, affectent de dire : le peuple est maintenant trop instruit pour se laisser tromper ! Autre tromperie, à l'aide de laquelle on lui fait avaler encore chaque jour quantité de goujons.

## XXXVII.

### La Charte de 1814, l'acte additionnel de 1815.

Ce n'est pas seulement dans les rangs des orléanistes purs qu'on trouve des adversaires de la fusion. Les rangs des légitimistes fournissent aussi leur contingent. C'est trop naturel.

Il ne suffit pas à ceux-ci que la branche aînée remonte sur le trône ; le petit-fils d'Henri IV doit y remonter sans conditions, en vertu de son simple droit ; il n'a que faire pour cela du vœu de la nation. Ils repoussent la fusion comme un contrat impossible et même immoral entre la légitimité et l'usurpation.

Ainsi pensent, ainsi s'expriment les continuateurs du parti rétrograde et incorrigible qui appelait Louis XVIII le roi jacobin, parce qu'il avait donné une charte à la France, de ce parti à qui dut probablement, en faveur de ses longs services, de son inaltérable fidélité, céder la sagesse, ou, si l'on veut, la prudence du fondateur de la Charte, lorsqu'il la data de la dix-neuvième année de son règne, et supprima le drapeau tricolore sous lequel cette grande armée dont il recueillait les débris s'était immortalisée.

Ces nobles hommes d'autrefois, dont le cœur battait sous leur vieux drapeau, ne surent pas juger de ce qui allait se passer dans celui de cette troupe de géants qui avait ébranlé le monde, lorsqu'on lui ôterait le sien. Eux qui ne voulaient pas, avec raison, que la France, que le monde oubliassent les glorieuses époques de la monarchie, ils eurent la faiblesse de croire qu'ils pourraient impunément effacer par une simple date le souvenir de cette immortelle période de gloire et de douleurs, de triomphes et de catastrophes, qui s'appelle l'Empire.

Ils oublièrent de se demander s'il avait été possible, s'il eût été sensé d'effacer de l'histoire des rois Carlovingiens les interrègnes remplis par les grands noms de Pépin d'Héristal, de Charles Martel, d'Eudes et de Raoul.

L'armée et tout le peuple qui se sentait fier de ses exploits, parce que c'étaient, après tout, ses pères, ses frères ou ses fils qui les avaient faits, se crurent déshérités d'un trait de plume non pas au profit de cette vieille monarchie qui eut aussi ses jours de gloire partagés par la nation, mais au profit de la haine et de la rancune des étrangers tant de fois vaincus, et empressés de saisir l'occasion que leur offrait une victoire quasi inespérée, pour effacer la mémoire de leurs nombreuses défaites.

Ces erreurs fatales que peut expliquer sans les justifier, l'ignorance où les barrières élevées par la guerre, et surtout la rivalité Romano-Carthaginoise de l'Angleterre et de la France, avaient tenu la famille royale et ses vieux serviteurs, sur les profondes modifications survenues dans l'esprit français pendant un quart de siècle, produisirent, après un court intervalle de onze mois seulement, la terrible catastrophe des Cent-Jours.

Quoique moins d'une année eût séparé les deux époques, l'Empire se montra tout aussi imprudent à sa restauration que la monarchie. Il commit exactement les mêmes fautes : il crut aussi pouvoir effacer d'un trait de plume le souvenir de 1814, l'abdication de Fontainebleau, les protestations du corps législatif, le sénatus-consulte de déchéance.

Il ne fit de tout cela qu'un accident qui n'avait point interrompu le règne ; il ne sut point comprendre, lui non plus, que la France avait marché durant son absence ; qu'elle voulait des garanties contre un despotisme qui l'avait accablée, et contre une ambition insatiable qui l'avait ruinée ; et, lorsque le pays attendait de lui une charte qui lui fît oublier celle de Louis XVIII, il reçut — l'acte additionnel aux constitutions de l'Empire !

L'Empire montrait ainsi qu'il ne pouvait s'accommoder avec les libertés nationales reconquises. Il avait cependant consenti des concessions assez fortes, mais de mauvaise grâce et insuffisantes. Il cessait d'être lui sans devenir ce que les temps voulaient qu'il fût. C'était un hermaphrodite indéfinissable, privé désormais de toute vitalité, qui entra en agonie à ce célèbre champ de Mai, tenu au Champ-de-Mars au mois de Juin, pour expirer quatorze jours plus tard à Waterloo.

Les grognards de l'île d'Elbe avaient fait de lui ce que les voltigeurs de Louis XIV avaient fait de la légitimité ; la même méconnaissance du temps avait eu les mêmes funestes résultats. L'orléanisme nous prouve à son tour que lui aussi a ses voltigeurs. Et la république qui veut nous persuader qu'elle est progressive, ne cesse de nous montrer, malgré elle, les continuateurs de la queue de Robespierre attelant à reculons au char de la France les vieux chevaux poussifs des tombereaux de 1793.

Heureusement, tous ces Épiménides qui se réveillent après un long sommeil, sans tenir compte du temps qui s'est écoulé pendant qu'ils dormaient, ne composent que le très-petit nombre dans leur parti. Les masses ne sont jamais absolues, et par un don particulier de Dieu qui a voulu que le bon sens fut le partage du grand nombre, — *Vox po-*

*puli, vox Dei,* — elles sont toujours prêtes à s'entendre pacifiquement, à se rapprocher, à s'unir dans une idée de concorde, tant que les crétins, les ergoteurs ou les forcenés oublient ou négligent de se jeter à la traverse.

De là vient que la société résiste à tant de chocs, à tant d'efforts qui sembleraient devoir l'anéantir.

Le mot fusion est donc un mot essentiellement social. C'est un mot qui enferme, avec la conciliation de tous les intérêts, les concessions réciproques qu'ils doivent se faire mutuellement. La société n'est pas autre chose qu'une transaction originaire et perpétuelle qui exclut toute récrimination, tous regrets sur ce qu'elle a pu retrancher des droits ou des prétentions primordiales de chacun.

Que ceux qui ne veulent pas y entrer à ces conditions n'y entrent pas. Que ceux qui la regardent comme un moyen de salut, évitent de commettre les fautes où sont tombés successivement et presque simultanément la royauté de 1814 et l'empire de 1815. Nous sommes en 1851, et deux autres révolutions sont venues ajouter leurs enseignements à ceux de ces époques.

## XXXVIII.

### La fusion et les conquêtes de 1789.

Cette sagesse résisterait peut-être difficilement aux tentatives des hommes absolus, si la fusion devait s'opérer seulement par en haut. On pourrait la considérer, avec mauvaise foi sans doute, — mais la mauvaise foi joue un grand rôle dans le drame des révolutions — comme n'étant que l'œuvre de quelques utopistes, de quelques ambitieux, tranchons le mot, de quelques intrigants, et faire accroire à la France qu'elle n'est encore que la dupe d'une surprise, d'un tour de main.

La fusion effectuée exclusivement par les hommes politiques, ayant même les princes ostensiblement à leur tête, n'aurait pas pour sa durée plus de chance qu'un parti dont elle n'excéderait pas les dimensions.

Elle laisserait subsister ces mauvais vouloirs, ces rancunes dont on l'a menacée, ces deux bandes d'antagonistes inconciliables et agressifs se tenant chacun de son côté, s'entre-regardant d'un œil rogue et toujours prêts à escarmoucher de propos et de procédés en attendant la bataille.

Elle laisserait le chef du gouvernement continuellement harcelé par les prétentions, les défiances ou les reproches des mécontents des deux partis toujours disposés à croire qu'on les sacrifie à leurs anciens adversaires plus favorisés.

Non, la fusion ne peut éviter ces inconvénients, ces causes réelles de dissolution et de ruine, qu'en devenant la pensée, la chose de la France elle-même. C'est elle qui doit contraindre les partis à se fusionner, et non pas subir la fusion par l'effet de l'accord des partis, ou même seulement de leurs chefs.

Il est bien sans doute que des hommes éminents s'entendent pour lui indiquer la voie ; mais c'est à elle qu'il appartient de la frayer. Par elle tout peut être fait ; rien, si ce n'est elle qui le fait.

Les temps de révolutions de palais, de coteries, d'assemblées même sont passés et heureusement, car on voit ce que durent leurs résultats et que c'est toujours à recommencer. Il n'en peut être opéré une durable que par le concours des volontés unies de la France.

Voilà une vérité de laquelle on ne peut tenter de s'écarter sans tout perdre, et qu'il importe de publier sur les toits, afin que chacun la comprenne, s'y associe et en fasse la règle de sa conduite.

Les princes, le comte de Chambord aussi bien que les princes d'Orléans ont dit, avant même qu'il fut question de fusion : nous sommes aux ordres, aux commandements de la France. Le roi Louis-Philippe lui-même n'a pas dit autre chose, n'a pas eu une autre pensée. Que la France, donc, la France, la vraie France, — non point quelques poignées d'émeutiers, de factieux, de banqueteurs — se prononce; et toutes les faiblesses, tous les mauvais vouloirs, à l'exception de ceux des hommes de sang et de désordre, s'inclineront.

On ne cesse, pour l'écarter de la fusion, de lui parler des conquêtes de 1789, que le retour de la branche aînée compromettrait.

Mais c'est la branche aînée, c'est le sage et saint roi Louis XVI, on peut donner ce titre de saint au martyr, qui les a préparées, qui les a provoquées pour la plupart, qui enfin les a jurées ; mais c'est son frère qui a médité dans l'exil leur consécration par sa charte.

On répond que son autre frère l'a violée. La justice veut qu'on dise qu'il y a pour le moins doute, et les meilleurs esprits sont demeurés partagés sur ce point.

Mais en l'admettant décidé contre le vieux roi, n'en a-t-il pas été puni, et pense-t-on que ses successeurs puissent l'oublier?

On dit que l'instauration de la branche cadette a été le sceau apposé sur ces conquêtes. Combien de reproches néanmoins n'ont pas été adressés à ce roi élu par la révolution elle-même, sur ses prétendues violations, et quelle durable sanction a été donnée par son avénement à ces conquêtes qu'il devait éterniser ?

Louis XVI, Louis XVIII, Charles X, Louis-Philippe, sont tombés sous les coups de ce système infatigable de reproches, de tracasseries, de calomnies ; d'où il résulterait que la république seule pourrait en être exempte. Voyez cependant si elle est mieux traitée, moins suspectée. On l'accuse même de n'être qu'une fausse république, ce qui conduit à cette conclusion que la vraie république, enfin, n'est autre chose que celle de 1793, et que les véritables conquêtes de 1789 sont en définitive la Convention, la terreur et le maximum, auxquelles le progrès tend à ajouter le partage des biens, l'abolition du mariage, l'égalité des salaires, le droit au travail, et le gouvernement du peuple par lui-même.

C'est-à-dire :

La spoliation de la propriété du pauvre aussi bien que du riche ;

La suppression de la famille, noyée dans le concubinage ;

L'exploitation de l'ouvrier capable, par l'ouvrier incapable ;

Le privilége de la paresse et de l'inconduite ;

L'anarchie.

Sont-ce là les conquêtes dont la France est fière ou avide ?

Si, au lieu de cela, elle entend l'égalité des droits et des charges ;

La liberté religieuse et celle de l'enseignement ;

Le jugement par jury ;

Le vote de l'impôt par des députés ou représentants élus par elle, et la régularité des dépenses assurée par le contrôle;

L'abolition de la confiscation;

Le droit de pétition;

La garantie que nul ne peut être distrait de ses juges naturels;

La responsabilité des agents du pouvoir;

La poursuite des concussionnaires;

Tout cela est obtenu depuis longtemps; tout cela a été successivement écrit dans nos chartes et constitutions; tout cela a été ou constamment ou fréquemment appliqué selon les cas; tout cela est passé à l'état endémique dans la nation.

Si Louis XVI, si Louis XVIII, n'ont cru ces libertés, appelons-les comme cela s'il vous plaît, incompatibles avec le principe de la légitimité, Charles X, si vous voulez à toute force qu'il les ait violées, ne les a pas niées du moins; c'est à la charte même, au contraire, qu'il est allé demander le droit de faire ses ordonnances, par l'interprétation plus au moins exacte, d'un article qu'il n'a pas inventé. Pourquoi donc la légitimité du comte de Chambord en serait-elle plus effarouchée que celle de Louis XVI et de Louis XVIII?

Et si les princes de la maison d'Orléans, que vous supposez aujourd'hui si bons gardiens de ces libertés, après que vous les avez si bien défendus eux-mêmes en 1848 contre *les passions aveugles et ennemies*, — l'événement a prouvé si leur père les avait si mal caractérisées, — si ces princes, dis-je, la personnification des principes de 1789, se montrent eux-mêmes parfaitement disposés à consommer la fusion, si le roi Louis-Philippe enfin la regardait comme pouvant être salutaire à la France, ne devez-vous pas être pleinement assurés que le comte de Chambord n'est pas un ogre, qui n'attend que l'occasion pour traiter ces libertés à la manière du prince Petit-Jour et de la princesse Belle-Aurore.

Ce serait tout aussi peu un Gengiskan entrant en conquérant, le fer et la flamme à la main, dans une France emportée par lui de vive force et usant du droit de la victoire pour la traiter à merci et à volonté.

Il a déclaré au contraire qu'il ne reprendrait le trône de ses pères que s'il y est rappelé par la nation. Vous pouvez vous défier de sa parole ; les temps sont loin où l'on disait : parole de roi ; foi de gentilhomme. Croyez-en au moins l'impossibilité où il serait qu'il en fût autrement.

Si en effet la monarchie ne peut se rétablir en France que comme une conséquence du vœu national, comment aurait-elle la possibilité de se dérober au vœu national pour le reste ?

Ainsi le comte de Chambord, ainsi le roi Louis-Philippe, ainsi les princes ses fils, ont dit, n'ont cessé de dire : TOUT POUR LA FRANCE ET PAR LA FRANCE. Les souvenirs de Sainte-Hélène ne sont pas moins remplis de semblables protestations de l'illustre captif. La royauté légitime, la royauté élue, l'Empire ont tous reconnu que la France était le principe, la fin et l'autorité suprême.

La république seule a osé proclamer qu'elle sait quelque chose qui est au-dessus de la France, et que ce quelque chose c'est elle, la république.

La république par le fait de cette déclaration s'est mise hors du droit de la France ; c'est pourquoi la France la repousse.

La France ne fait exception d'aucun des autres partis qui n'ont point fait exception d'elle, et qui ont promis d'être dociles à sa voix.

S'il existe des légitimistes plus légitimistes que le dernier rejeton de la légitimité, des orléanistes plus orléanistes que les princes d'Orléans, des bonapartistes plus bonapartistes que Napoléon lui-même, la France couvrira de sa grande voix les sophismes et les caquetages de ces insensés qui se prétendent plus français qu'elle.

La France se croira probablement assez forte pour veiller sur le dépôt qui ne lui aura pas été ravi, mais qu'elle aura confié librement et spontanément sous l'abri du drapeau tricolore devenu le seul et vrai drapeau national,

Du drapeau tricolore brodé des trois fleurs de lys, et même, pourquoi hésiter à formuler le vœu ? ayant sa hampe surmontée de l'aigle qui rappelle aussi une gloire immortelle mais finie, laquelle n'a plus rien dès lors de menaçant pour le repos de l'Europe.

## XXXIX.

### Une leçon bonne à méditer.

L'expérience nous en a donné plus d'une, mais viennent le temps et les préoccupations, et les leçons de l'expérience, pourtant toujours si chèrement payées, sont promptement mises en oubli. Si néanmoins la raison insiste, on la fait taire avec ces belles paroles : allez donc radoteuse. C'est du vieux que tout cela, et aujourd'hui les choses se font autrement.

Voilà pourquoi il a été si facile de faire en 1848 une seconde édition, revue, corrigée et augmentée, du premier chapitre de 1830. Qui diable y pensait, même parmi ceux qui devaient être les premiers à y penser — hormis ceux qui préparaient la nouvelle impression ?

Les leçons à tirer des faits sont, l'on n'en saurait disconvenir, obscures, et par suite sujettes à interprétations diverses. Celles de la parole sont plus positives, et quand elles sont immédiates, faites pour la circonstance même, et n'ont pas encore eu le loisir de tomber dans l'oubli, quand elles sortent surtout de la bouche de professeurs émérites qui ont prouvé tant de fois leur habileté, refuser de les écouter c'est déclarer qu'on veut absolument courir à sa perte.

Chacun est libre de faire la folie pour soi ; mais quand on peut entraîner autrui dans sa perte, et que cet autrui n'est ni plus ni moins que la patrie, alors ce n'est plus une folie qu'on commet, c'est un crime.

Or voici la leçon : c'est un journal républicain qui la donnait il y a peu de temps, un journal qui se flatte d'être à la tête du parti jusqu'à ce que le triomphe de ce parti l'ait relégué à la queue, pour y méditer sur le sort de celle du chien d'Alcibiade.

« On nous demande de nous prononcer pour la révision de la Constitution.

« A cela nous répondrons catégoriquement : non !

« Pourquoi ?

« Nos raisons sont brèves et décisives.

« Pour refuser la révision, il nous suffit de voir qui la veut et dans quel but. »

M. le général Cavaignac est encore plus concis et plus positif. On ne lui reprochera pas cette fois son irrésolution.

« Ce n'est pas, dit-il, dans son bureau, à l'occasion de la nomination des commissaires chargés d'examiner les pétitions et propositions concernant la révision, — « ce n'est pas une discussion mais une déclaration que je vous apporte. Nous votons contre la révision parce que vous demandez la révision. »

Cette réponse carrée, et cette manière de l'expliquer me paraissent pleines de force et de logique.

Ce sont nos adversaires qui nous apprennent ce que nous devons faire, qui nous dictent ce que nous devons dire, par leur exemple. Ne craignons pas, ne rougissons point de les imiter. Les Romains n'ont vaincu toute la terre que parce qu'ils ont eu, dès l'origine, et constamment, le bon esprit d'adopter les armes et la tactique de ceux qu'ils combattaient, aussitôt qu'ils s'apercevaient que ces armes et cette tactique valaient mieux que les leurs.

Au lieu de flotter incertains sur la question de savoir si nous devons ou non vouloir la révision de cette Constitution qui ne compte pas même pour amis ses propres auteurs, de discuter entre nous sur le plus ou le moins d'opportunité, de risques qu'elle peut offrir, de latitude qu'elle doit avoir, disons à notre tour résolument aux révolutionnaires.

« Nous demandons la révision parce que vous votez contre la révision. »

Il n'y a pas, il ne peut plus y avoir d'autre raison entre les deux opinions : celle-là est sans réplique, répond à tout, suffit à tout.

Est-ce que les voies des deux partis, est-ce que le but que chacun d'eux se propose, peuvent avoir quelque chose de commun? si vous le croyez, à quoi bon des divisions? que les deux partis s'embrassent, et que cela finisse. Cela n'a duré que trop longtemps.

Si vous ne le croyez pas, il est évident que, dès le moment que l'un des deux partis manifeste l'intention d'aller là, c'est un avertissement pour l'autre qu'il ne saurait l'y suivre sans péril.

Ainsi, encore une fois, de même qu'il suffit à la révolution de voir que le parti de l'ordre désire la révision pour qu'elle s'y refuse, il doit suffire au parti de l'ordre de voir que le parti révolutionnaire repousse la révision pour la vouloir.

Évidemment, le parti revolutionnaire ne peut faire que ce qu'il juge être le plus favorable à la révolution et au développement de ses conséquences — les enfants terribles du parti ont pris le soin de vous les expliquer tout au long par leurs journaux, par leurs toasts, par leurs manifestes.

Donc si vous vous coalisez avec lui contre la révision, vous votez pour la révolution et ses conséquences.

Le même journal vous dit : « La nature du but qu'on se propose (en demandant la révision) peut être caractérisé ainsi : substitution de la monarchie à la république.

« Nous ne voulons pas jouer le jeu de nos adversaires. »

Les révolutionnaires sont donc persuadés que la France est monarchiste, et que la monarchie peut seule sortir de la révision? sinon, que leur importerait le motif pour lequel on la demande? Si le pays est républicain quand même, ainsi que le publie tous les jours le parti républicain, eh bien ! il enverra une constituante qui donnera à la république ce qu'on prétend qui lui manque, et nous nous soumettrons cette fois sans réserve, parce que le peuple aura prononcé lui-même en pleine connaissance de cause et en toute liberté.

Se refuser à cette épreuve, c'est avouer hautement qu'on n'entrevoit qu'une honteuse défaite.

Donc tous ceux qui ne veulent pas pactiser avec la révolution, doivent vouloir la révision.

La révolution a fait mine d'abord de ne s'opposer à la révision qu'en alléguant la mutilation faite à l'électorat par la loi du 31 mai.

Elle déclare aujourd'hui que, la loi fût-elle rapportée, elle s'opposerait encore à la révision.

Ainsi elle sent, elle confesse que le suffrage universel, même comme elle l'avait organisé, si l'on peut appeler le désordre organisation, tournerait vraisemblablement contre elle.

Voilà pourquoi elle ne veut pas de la révision.

Voilà pourquoi nous devons la vouloir.

Rappelons-nous aussi quel cri de détresse a retenti de toutes parts dans le camp révolutionnaire lorsque le mot FUSION a été prononcé et qu'on a compris que ce n'était pas un mot en l'air. A en juger par la grosseur des capitales avec lesquelles on écrivait ce mot néfaste, il n'y avait pas plus d'effroi à Rome lorsqu'il y était question des Gaulois.

Rome s'est vengée plus tard de cette terreur en les exterminant, grâce à leurs divisions intestines. Nous savons, par leur exemple, ce que nous avons à faire pour qu'il nous en arrive autant : ceux qui sont bien aises de procurer cette légère satisfaction à la France crieront : *point de révision !* pour faire suite aux cris de *Vive la réforme !*

Quant aux autres, bonnes pâtes de gens qui étudient l'histoire dans les pamphlets et les feuilletons, et qui se refusent à la fusion, parce qu'elle a pour but le retour de la branche aînée, et que ce retour serait le signal infaillible de celui de cette *Terreur blanche* qui faisait trembler..... les colonnes du vieux *Constitutionnel*, nous leur conseillons — le conseil est peut-être peu chrétien — de courir mille fois plutôt les chances de la *Terreur rouge*.

Hurrah! pour celle-là! Tout le monde avait de l'argent — ou des assignats, ce qui n'est pas la même chose — plein ses poches; chacun pouvait espérer coucher dans son lit, s'il n'était suspect de fédéralisme, de modérantisme, d'indifférentisme, d'incivisme; d'être aristocrate, soudoyé de l'étranger, contre-révolutionnaire, accapareur, ou tout au moins suspect d'être suspect.

On n'a confisqué, ni incendié aucune espèce de château.

On n'a pas noyé à Nantes et pas mitraillé à Lyon.

Les tribunaux révolutionnaires, semés uniquement en manière d'épouvantails sur tous les points de la France, et investis, pour la frime, du droit exorbitant et inique de juger les accusés sans les entendre, n'ont condamné personne; le couperet de la guillotine, constamment inactif, n'était rougi que par la rouille

Le supplice de Louis XVI, de Marie-Antoinette, de madame Elisabeth n'est qu'une fable; le 2 septembre ne fut qu'une gaillardise, une débauche innocente; et tous les peuples, se confondant avec nous dans les étreintes d'une douce et universelle fraternité, n'envoyaient leurs armées vers nos frontières que pour nous voir gardant nos moutons, à l'ombre des vieux hêtres, le front couronné de fleurs absolument comme dans une idylle de Théocrite ou de Florian.

L'âge d'or était revenu, et tous les sombres

et terribles tableaux qu'on nous a tracés de cette riante époque ont été inventés à Coblentz en haine de la sainte république conventionnelle, et peints par des agents de Pitt et de Cobourg, ou par des gens qui auront eu peur de leur ombre.

Mais la terreur blanche! malpeste! n'était-ce rien que la terreur blanche? Vous avez eu, j'en suis sûr, grand nombre de vos parents qui en ont été victimes?

— Mon Dieu non.

— Alors, de vos amis?

— Pas un.

— De vos simples connaissances?

— Non plus.

—Elle n'en était que d'autant plus redoutable; comme toutes les choses qui se cachent.

Eh bien! sous la terreur rouge, on trouvait rarement une famille, une maison, qui n'ait eu quelque distraction avec le citoyen geôlier ou le citoyen exécuteur des hautes œuvres, ou si vous entendez mieux, le bourreau, qu'un grand philosophe, point du tout monarchiste, a appelé *le premier magistrat d'une république.*

On fait sonner bien haut l'arrêté pris par le gouvernement provisoire, au lendemain de son installation, portant *abolition de la peine de mort en matières politiques.*

J'aime attribuer à la philanthropie ce que d'autres n'attribuent qu'à un excès de prévoyance intéressée. — Les retours des révolutions sont si fréquents! —Mais, tout en disant Merci! à cette philanthropie dont j'espère bien n'avoir jamais besoin, je ne puis m'empêcher de me souvenir que le doux Robespierre était un des plus chauds partisans de l'abolition de la peine capitale. Son cœur de philanthrope a dû saigner bien souvent ! —mais celui de la France a saigné bien davantage.

Ses admirateurs ne manquent pas de l'excuser par la raison d'Etat. Hélas ! qui est-ce qui n'a pas une raison d'Etat à son service ?

Mais la révolution a bon nombre de fidèles qui n'y font pas tant de façon ; qui d'ores et déjà, sans se préoccuper de la raison d'Etat, n'en invoquant pas d'autre que celle de leur colère, ou de leur haine, ou de leur cupidité, annoncent nettement, sans hésitation ni ambages, que le jour de leur triomphe la guillotine sera remise en permanence pour exécuter des classes entières, mises tout simplement hors la loi sur la simple insertion des noms au *Moniteur*.

Endormez-vous sur la foi du philanthropique arrêté du gouvernement provisoire, de ce beau billet qu'a la Châtre !

Maintenant que vous êtes avertis suffisamment, si le cœur vous en dit :

Votez avec la révolution contre la RÉVISION et la FUSION ; — adoptez le parti de la CONFUSION. Mais sachez que personne n'aura pitié de la vôtre quand vous verrez ce qu'aura produit votre alliance.

---

# LA CONSTITUTION ET M. DE CORMENIN.

J. César a fait ses Commentaires pour glorifier ses exploits, J.-J. Rousseau a écrit ses Confessions pour adresser à la société ce superbe défi : S'il y a quelqu'un qui croie valoir mieux que moi, qu'il le dise.

Le dernier pamphlet de M. de Cormenin tient à la fois des Commentaires et des Confessions.

Deux rapports faits par le citoyen Marrast, au nom de la commission de Constitution, avaient porté le public, qui ne juge que sur certaines apparences, à donner l'honorable rapporteur pour père putatif à l'enfant, dont il n'avait été en réalité que l'introducteur dans le monde, et l'on disait : la Constitution Marrast, comme on dit : le code Napoléon.

Cette injustice empêchait le véritable père de dormir, et aucune occasion ne pouvait être plus favorable et plus solennelle pour sortir de l'incognito et revendiquer les droits de la paternité, que celle où il s'agit de savoir si l'on enverra l'enfant à l'école d'une nouvelle constituante chargée de réformer ses vices et de changer son caractère autant qu'il sera possible.

M. de Cormenin, ce père justement blessé dans

son orgueil en contemplant la beauté de sa fille, a donc pris la plume, et dédaignant les lieux communs qu'emploient les plaideurs pour réclamer leur bien, il prend fièrement son enfant par la main, et dit : « Voilà ! Lisez mon petit pamphlet, intitulé: RÉVISION, et croyez.

« Vous saurez alors seulement pourquoi j'ai fait à ma fille bien-aimée qui a toute mon affection, malgré ses défauts que je ne conteste pas, le nez de telle manière, les oreilles de telle autre ; pourquoi j'ai voulu qu'elle fût ici hargneuse, là hérissonne, etc. » — Partout le *je*, le *moi*, le superbe *moi*, qui ne permet pas la moindre réplique, n'accuse pas la moindre hésitation.

Il n'y a plus de doutes à élever après cela. Ce ne sont plus ni M. Marrast, ni la commission, ni la constituante qui nous ont gratifié de la chose ; la constituante n'a été tout au plus que la marraine, et c'est nous qui avons fourni les bonbons, à raison de 25 francs par jour à neuf cents représentants, un peu plus de neuf millions ; c'est un peu cher, mais l'enfant de M. de Cormenin est si gentil, malgré ses défauts, il a un air de famille si prononcé, — cet air du bonhomme Timon que vous connaissez si bien, — qu'on n'y doit point regarder de si près. Neuf millions, après tout, ce n'est pas la mort d'un pays.

A la vérité nous avons eu pas mal de faux frais en sus, sans compter tout le reste, comme Provisoire, Commission exécutive, Présidence, en sorte que, balance faite, l'an premier de la liberté nous a coûté un peu plus cher que l'an dernier de la tyrannie. Bon ! dirait Figaro, c'est une si belle chose que la liberté, qu'on ne saurait trop la payer.

Et puis, il est juste de dire que les millions de la monarchie étaient dévorés par un seul tyran, au moyen de quoi il achevait le Louvre, réparait Fontainebleau, et faisait le gigantesque musée de Versailles, tandis que les millions de la République étaient répartis entre neuf cents, qui n'étaient pas des tyrans, mais qui n'ont pas seulement fait ériger, les cancres, une pauvre vespasienne sur leur dotation.

Revenons à la paternité de M. de Cormenin. Ce bon M. Marrast doit être bien vexé de se voir ainsi dépaternisé.

Jusqu'à présent, nous avions cru connaître la Constitution Marrast, commentée par M. Dupin, commentée par M. Duvergier, et par beaucoup d'autres, et c'est pour cela, — non pas à cause de MM. Dupin et Duvergier — que nous voulions la réviser ; mais la Constitution Cormenin, c'est tout autre chose. Nous ne la connaissions presque pas avant le commentaire paternel que vient de publier son véritable auteur à propos de la révision, pour nous convaincre qu'elle n'est pas révisable.

M. de Cormenin entre de plein-saut dans la question. Il attaque à brûle-pourpoint, ceux qui doute de la vertu de l'enfant de ses œuvres.

C'est la mode aujourd'hui, dit-il, (*avant-propos, page* 1), d'attaquer la Constitution. Tous les vieux partis lui donnent leur coup de pied.

L'expression paraîtra peu polie à ceux qui ont lu la fable du *Lion devenu vieux.* Mais ce bon M. de Cormenin, ce tendre père, songe-t-il bien à ce qu'il fait en nous représentant sa fille chérie sous la forme de ce lion décrépit par la vieillesse, devenu hors d'état de repousser les atteintes de l'animal le plus méprisable? Sérieusement penserait-il qu'elle en est déjà là?

*

J'espère bien que le peuple pour qui nous l'avons faite la défendra. (*Page* 1).

Ma foi, c'est une manière singulière de l'y engager que de la lui montrer moribonde.

« Et quand il ne la défendrait pas, que m'importe? » (*Ibid.*)

Pourquoi, alors que vous y tenez si peu, importerait-il davantage au peuple, de la défendre?

Fais ce que dois. (*Ibid.*)

Est-ce un conseil? A qui s'adresse-t-il? Les entrailles paternelles ne s'émeuvent-elles pas quelque peu en pensant qu'on pourrait bien le prendre au mot?

Cependant la tendresse du père, l'amour du créateur va se laisser apercevoir.

Vous dites, je le sais, que vous étouffez dans la Constitution. Mais pourquoi y étouffez-vous? Les ambitieux étouffent partout. Alexandre étouffait dans le globe, trop étroit pour lui. Les royalistes étoufferont toujours dans la Constitution républicaine la plus parfaite, et d'autant qu'elle sera plus parfaite.

Nous verrons comme nous étoufferons à notre tour dans les Constitutions que vous nous ferez! (*Pages* 13 et 14).

*Tu quoque!* Lycurgue aussi serait ambitieux! lui est *tutti quanti*, puisqu'il dit : *nous* étoufferons! qui diable eût songé que des républicains pussent être ambitieux? Des monarchistes, passe.

Poursuivons.

On ne fait pas du neuf, parce qu'on rapetasse du vieux; or, rien n'est plus vieux, j'allais dire plus usé, qu'un Directoire, un Comité de salut, une Agence, des Corporations, des Ordres, des Etats, des Consultes, des Tribunats, un Empire, une Restauration, un Consulat, une quasi-Légitimité, un Conseil des Anciens, un double Vote, un Electorat de cent écus, une Eligibilité de mille francs. (*Page* 14).

Le raisonnement est rigoureux; aussi pressant que sardonique, et je ne sais pas trop ce qu'y répondront les révisionnistes, sinon que Salomon a dit longtemps avant M. de Cormenin qu'il n'y a rien de nouveau sous le soleil, que, par conséquent, si M. de Cormenin a cru dire là quelque chose de nouveau, il s'est fort trompé.

Mais, si tout ce qui est énuméré dans cette longue liste est bien vieux en effet, il me semble que ni la république, ni la démocratie, ni la démagogie, ne sont guère plus jeunes. Il n'est pas jusqu'au socialisme qui ne soit un réchauffé de toutes ces tentatives faites dans tous les temps par l'envie, l'orgueil et la cupidité déçus. Les Albigeois, les Jacques, les Hussites et une foule d'autres, étaient les socialistes du moyen âge, dont ceux d'aujourd'hui n'ont pas même remis les formules à neuf. Il ne peut y avoir de nouveau désormais que le bon esprit de ne vouloir pas faire du nouveau.

J'oserai dire qu'il n'y a que ceux qui tendent des embûches aux peuples qui leur annoncent qu'ils vont les régir, les gouverner, par un procédé tout nouveau. C'est un moyen de les dérouter, de les empêcher de voir clair dans la route où l'on veut les égarer, de reconnaître qu'on les dupe parce qu'on leur dit toujours : Attendez! ne jugez pas d'une chose nouvelle par la routine des choses passées. Laissez à l'expérience le temps de se faire, et vous verrez alors.

Je me sentirais pressé aussi bien que M. de Cormenin, d'arriver

Aux fondements positifs de la Constitution, sans nous arrêter au préambule et à la déclaration des droits qui ne sont que des formules philosophiques, (*Page* 17).

Si M. de Cormenin qui traite assez légèrement, on le voit, les formules philosophiques, n'y revenait malgré ce dédain apparent, et n'y consacrait pas près de vingt et une pages — un cinquième de sa brochure.

Voyons donc le préambule!

## PRÉAMBULE.

**EN PRÉSENCE DE DIEU ET AU NOM DU PEUPLE FRANÇAIS, L'ASSEMBLÉE NATIONALE...**

J'ai tout d'abord, dit M. de Cormenin, proposé de mettre au frontispice : *En présence de Dieu et au nom du peuple français*, parce qu'il me paraissait beau d'unir, dans cet acte solennel, le ciel et la terre. (*Page* 17).

Un long débat s'est élevé à l'Assemblée pour savoir si, au lieu de *en présence*, on ne mettrait pas *au nom de Dieu*, ou *sous la protection de Dieu*, ou *sous l'invocation de Dieu;* mais l'invocation et la protection ont été repoussées. On a trouvé sans doute que la Constitution était assez forte pour se protéger elle-même. Il n'est donc resté que *la présence*, une simple formule philosophique, qui n'engage Dieu à rien :

Passons.

I. *La France s'est constituée en République.* .

. . . . . . . . . . . . . . . . . . . . . . . .

II. *La République française est democratique, une et indivisible.*

Toutes ces expressions doivent être pesées.

Il faut s'expliquer d'abord sur la République actuelle.

On a dit qu'elle n'avait été qu'une surprise.

Je n'eusse pas été fidèle à mes précédents, si, ayant blâmé les députés de 1830, dont j'étais collègue, et dont je ne fus pas complice, d'avoir acclamé l'hérédítariat de Juillet sans consulter préalablement le pays, j'eusse approuvé l'acclamation de la République févruaire sans avoir consulté la France. Et ce n'est pas une raison suffisante, j'en conviens, de ce que je voulais la République, pour que les autres en voulussent comme moi, et, pour qu'ayant autant de droit que moi à la vouloir ou ne la vouloir pas, ils ne fussent pas mis en possession de le dire. Mais qu'on n'oublie pas que le commissariat provisoire de Février gouvernait un pays où les choses ne se passent jamais autrement, sous aucun régime. C'est la faute un peu de tous..... Louis XVIII a-t-il consulté la France, lorsqu'il a pris la place de Napoléon? Louis-Philippe a-t-il consulté la France, lorsqu'il a pris la place de Charles X? La duchesse d'Orléans a-t-elle consulté la France, lorsqu'elle demandait à prendre la place de Louis-Philippe?

Les insurgés de mai ont-ils consulté la France, lorsqu'ils prononçaient la dissolution de l'Assemblée? Où, et quand, et comment, et en quoi, et pour qui, et qui avait-on vu jamais consulter la France? (*Pages* 24, 25, 26).

Au fait, il eût été beau de voir MM. Ledru-Rollin, L. Blanc, Albert *ouvrier*, et Cormenin faire ce que n'avaient fait ni Louis XVIII, ni Louis-Philippe, ni la duchesse d'Orléans, et même ce que ne firent pas les insurgés de mai! Pour qui donc la France les prend-elle?

De ce que les insurgés du 15 mai n'ont pas consulté la France, conclure que le gouvernement provisoire a pu, à toute force, s'en dispenser pour proclamer la république, c'est pourtant un singulier argument. Les insurgés du 15 mai qui ont violé la souveraineté du peuple, en la personne de ses représentants, légalement assemblés, ont été punis. Le gouvernement provisoire qui l'a violée en la personne même du souverain, avait donc droit à la même punition? Conséquence pour conséquence. N'est-ce pas juste?

M. de Cormenin va plus loin :

La France elle-même est toujours beaucoup trop pressée pour laisser faire de ces choses-là. (*Page* 26.)

Ceci est une injurieuse, une calomnieuse, une ironique dérision adressée à la France. La France trop pressée ! Et où avez-vous vu cela, monsieur de Cormenin ? Espérez-vous nous faire croire que c'était *la France qui avait déjà résolu la mort de Louis XVI ramené de Versailles par le peuple* (vous voulez dire probablement de Verdun) *avant même qu'il eût touché les barrières de Paris?* (*page* 25).

Où la France vous apparaît-elle : ayant déjà fait *le consulat* avant que *le conseil des Cinq-Cents eût sauté avec son dernier législateur, par les fenêtres de l'Orangerie? (Ibid).*

En quoi se manifeste-t-elle dans la *Constitution nouvelle fabriquée par le sénat conservateur*, lorsque Napoléon avait à peine abdiqué ? Est-ce bien elle qui a *crié aux oreilles de Charles X* : *Il est trop tard?* Est-ce elle qui *gravissait*, sous la forme de la république, *au perron de l'Hôtel de Ville, lorsque la régente n'avait pas franchi avec le comte de Paris les marches hautes du palais Bourbon ?* (*pages* 25 *et* 26).

Prenez-vous réellement pour la France tantôt quelques hommes de partis, tantôt quelques émeutiers, tantôt quelques conspirateurs ? Ce sont ceux-là qui sont pressés, toujours pressés, parce qu'ils savent bien que s'ils laissaient au peuple le temps de revenir de la surprise du premier moment, ils seraient perdus.

Quant à la France, tout au rebours, bien loin d'être trop pressée, elle ne l'est jamais assez, ce qui est facile à comprendre d'une agglomération de trente-cinq millions d'hommes; ce qui fait qu'elle est toujours devancée par les événements, et que ne se trouvant plus qu'en face de faits déjà accomplis, il ne lui reste plus guère que la possibilité de les accepter, sauf ensuite à faire ce qui dépend encore d'elle pour les rendre moins funestes, ou moins ridicules, ou moins atroces que leur origine ne pouvait le faire craindre.

Ici M. de Cormenin veut bien faire une concession au principe :

Mettez qu'avant le 4 mai, le gouvernement provisoire n'avait pu engendrer qu'une république à lui semblable, une république provisoire ; pour l'honneur du principe, j'y adhère, c'est le mien. (*Page* 27.)

Vous croyez qu'il va crier avec vous à la violation ? Oh que non ! Un *heureusement* arrive aussitôt, qui vous fait glisser la concession de la main comme une anguille :

Heureusement, chose rare, chose inouïe ! en proclamant *la République* le 4 mai 1848, nous étions dans le fait et dans le droit. (*Ibid.*)

Certainement ! Absolument comme Géronte, du *Légataire universel*, quand il ratifie le testament fait pendant sa léthargie. D'où l'on voit que ce n'est chose ni rare, ni inouïe.

Le peuple *universel* avait été consulté *au nom de la République*, et la ratification expresse de l'élection se joignait à l'assentiment tacite.

Les députés élus, et ceux qui particulièrement passaient pour royalistes, avaient en toute liberté, dans la séance d'ouverture, et par dix-sept fois, acclamé la République. (*Page* 27, 28).

En toute liberté, cela n'est pas, qu'on me permette de le dire, parfaitement exact. Ceux qui n'auraient pas voulu de la république, ou qui auraient voulu du moins qu'elle fût, au préalable, explicitement acceptée par le peuple, se trouvaient déjà, à leur entrée dans l'Assemblée, sous la domination d'un fait.

Je voudrais bien, par curiosité, qu'on pût nous dire ce qui fût arrivé tant au dedans qu'au dehors si quelques protestations se fussent manifestées, malgré les metteurs en train, les chauffeurs de *l'enthousiasme qui fondait sur l'âme* de M. de Cormenin et qui, *l'emportant dans son tourbillon*, (page 28) l'empêchait probablement de bien voir ce qui se passait. J'en ai été témoin aussi de cet *enthousiasme* ; j'ai entendu les apostrophes nominatives adressées à ceux qui se montraient trop lents à le partager. Trois fois, à mon oreille, on a crié à M. O. Barrot, qui demeurait assis, causant avec un voisin et ayant l'air encore tout honteux de s'être pris au trébuchet qu'il avait mis tant de persévérance à dresser: *Debout, Barrot! debout, Barrot!* et il eut le courage de ne se lever que le dernier.

Toute la population telle qu'elle, était armée ; la guerre civile avait été déjà trois fois sur le point d'éclater dans les rues; il n'y avait point de force militaire à Paris, le gouvernement provisoire ayant eu le soin de l'écarter ; seulement, pour la solennité, il avait fait entrer un ou deux régiments.

Le 4 mai était si loin du 15 ! — Et l'on parle de la pleine liberté des représentants.

Il n'y avait d'autre terrain préparé à ce moment pour poser le pied, que la république, il fallait bien s'y réfugier. Il fut salutaire c'est vrai, mais prétendre qu'on avait la liberté du choix, c'est pour le moins s'abuser soi-même. L'homme qui tombe d'un toit est trop heureux de rencontrer une gouttière pour se reposer un instant, mais il aurait beau crier de là dix-sept fois : Vivent les gouttières ! qu'on ne saurait en conclure qu'il est parfaitement libre, que l'enthousiasme pour les gouttières « a fondu sur son âme et l'emporte « dans son tourbillon. » Au reste, tout cela ne fait ni chaud ni froid au père de la Constitution.

Que d'autres aient donc acclamé la République par peur, par nécessité, par entraînement; qu'ils s'en repentent, qu'ils ne s'en repentent pas, que nous importe! L'avons-nous fait, nous, par raisonnement et par conviction, par observation et par prévoyance, pour nous conformer au progrès du temps, à la vérité du droit, *à la volonté du peuple*, à l'intérêt du pays? — Oui. (*Page* 29).

Vous avez voulu vous conformer à la *volonté du peuple ?* Et comment vous l'a-t-il fait connaître? Vous professez vous-même qu'il devait être mis *en possession de la dire* (page 24), et vous regrettez que cela n'ait pas été fait; vous avouez *que le gouvernement provisoire était trop pressé.* (*Page* 27).

Vous n'ignorez pas que, si les départements ont été inondés de commissaires, de sous-commissaires à vingt, à trente, à quarante francs par jour, ce n'était pas pour aller demander au peuple de manifester *sa volonté*, mais pour lui en imposer une, en raison de quoi plusieurs ont été chassés avec une cordialité et une fraternité dont ils ont conservé de touchants souvenirs.

Lorsque le dernier article de la Constitution a été voté, un honorable député, M. de Puységur, a proposé d'y ajouter celui-ci : *Immédiatement après que la Constitution aura été votée, elle sera soumise à la sanction de la nation.* 732 voix ont repoussé l'amendement contre 42. Je suis sûr que celle de M. de Cormenin faisait partie des 42. Mais enfin la chose n'a pas eu lieu, en sorte que rien encore n'autorise à dire que les rédacteurs de la Constitution n'ont fait que se conformer *à la volonté du peuple.*

Sans doute il l'a acceptée tacitement, il l'observe ; mais on accepte ainsi et l'on observe bien des lois qui ne sont pas toujours absolument conformes à notre volonté. S'il suffit de cette acceptation tacite et de cette observance telle quelle, on ne peut nier que cette sorte de sanction n'ait été donnée aux deux chartes de 1814 et de 1830. Donc elles étaient selon *la volonté du peuple :*

— Soit : mais le jour est venu où il les a renversées l'une et l'autre.

— Le peuple de l'émeute, oui ; est-ce le vôtre?

— Et le suffrage universel ?

— Oui aussi, le suffrage universel comprimé par la déclaration du gouvernement provisoire usurpatrice de la souveraineté du peuple, vous en convenez ; — faussé par des commissaires omnipotents et éligibles au lieu même où ils exerçaient leurs fonctions proconsulaires ; — faussé encore par les doubles, les quintuples, les décuples votes, sans compter toutes les autres roueries de l'époque.

Eh bien ! malgré tout cela, vous avez eu une constituante assez peu républicaine pour faire crier par les républicains pur sang qu'elle était réactionnaire. Le suffrage universel a produit l'assemblée actuelle qu'on accuse d'être monarchiste. De toutes parts on pétitionne pour obtenir la révision de la Constitution, dans un intérêt ou dans un autre que je n'examine point ici, et vous osez vous vanter de vous être conformé à la *volonté du peuple?* Dites-nous donc de quel peuple.

M. de Cormenin prend tout cela pour des marques d'affection et de dévouement pour sa Constitution.

« Va-t-elle ? » se demande-t-il, (*page* 13) « oui elle va, » se répond-il, avec satisfaction.

O, père insouciant, vous n'entendez donc pas vos amis vous crier, peut-être un peu par jalousie, qu'elle se laisse violer tous les jours. Et vous vous bornez à demander *si elle va !* Demandez-donc aussi un peu *où elle va.*

Mais vous vous en souciez peu. Vous vous consolez des petits accidents qui lui arrivent, en vous disant :

Heureusement qu'elle est douée d'un très-bon tempérament, car elle souffre, sans se plaindre et sans s'altérer, les plus furieuses et les plus continuelles attaques à son principe. (*Page* 13).

*Gaudeant bene nati.*

M. de Cormenin, nous l'avons vu, a horreur, ce qui est fort naturel, de toutes les vieilleries gouvernementales dont on a usé dès le commencement du monde, il n'en veut plus. Je ne sais pourquoi la Convention ne figure point dans sa nomenclature, serait-ce par prévoyance ?

En attendant

Allons donc au fond des choses, et que ce ne soit pas tous les jours à recommencer ! La faute n'est pas de s'être trompé, puisque tout le monde se trompe : la faute est de se retromper.

Il est vrai que ceux qui écrivaient, en 1792 et 1793, sur les murailles : liberté, égalité, fraternité, ne trompaient personne, et que ceux qui les ont récrits, en 1848, n'ont retrompé qui que ce soit, — qu'en promettant au peuple la prospérité et le travail, sous un régime dont l'agitation perpétuelle, calculée, tue la prospérité et le travail, on ne le trompe ni ne le retrompe. Mais c'est à lui de réfléchir sur les causes et sur les effets et de se mettre ainsi à l'abri des tromperies et des retromperies.

Savez-vous pourquoi les gouvernements de Louis XVIII, de Charles X et de Louis-Philippe ont péri si vite et si en entier?

C'est

parce qu'il y a une incompatibilité absolue entre des gouvernements héréditaires et monarchiques, et l'institution d'un parlement universel et d'une presse libre. (*Page* 33).

Il y a peut-être là quelque chose de vrai, moins ce qui est dit du gouvernement de Louis XVIII, qui n'a pas péri, que nous sachions, puisque ce roi est mort sur le trône, et de ce parlement *universel* dont nous n'avions pas encore entendu parler.

Cependant, il semble que, si la presse *libre* est peu compatible avec les gouvernements héréditaires et monarchiques, elle ne l'est guère plus avec les gouvernements républicains, car, je ne sache pas non plus que la presse ait été bien libre sous la Convention. voire sous le Directoire qui envoyait les écrivains royalistes, ou présumés tels, à Sinamary, et nous ne voyons pas que les lois sur la presse se soient considérablement amendées de ce qu'elles étaient sous la dernière monarchie, ni que les poursuites contre les écrivains un peu trop libres soient beaucoup moins fréquentes et moins sévères.

Quant à l'Angleterre, si tristement imitée par toute l'Europe. (*Ibid.*)

On l'appelait pourtant, il n y a pas longtemps encore, la terre classique de la liberté !

si elle vit encore, et elle mourra, c'est qu'elle est une sorte de quasi-république plutôt qu'une monarchie.

Voyez, nous avions cru, vous et moi, qui

avons quelquefois un peu médité sur la constitution et l'organisation de l'Angleterre, qu'elle devait, au contraire, son énergique vitalité, qui la préserve de l'épidémie révolutionnaire répandue par tout le globe, à sa puissante féodalité qui ne s'est jamais laissée entamer par le radicalisme, qui n'a point encore trouvé son Richelieu, et ne s'est point amusée à se suicider sentimentalement dans une nuit du 4 août.

Nous nous trompions ; l'Angleterre est une quasi-république ; la reine Victoria est une quasi-présidente ; la noblesse n'a que de quasi-priviléges ; il n'y a point de chambre haute ; les élections à la chambre des communes se font par le suffrage quasi-universel, et les braconniers dans les forêts féodales ne sont que quasiment pendus.

M. de Cormenin qui constate l'inconciliabilité d'une presse libre avec un gouvernement monarchique remarque que :

Si, malgré ses effroyables guerres, Napoléon a pu vivre quinze ans, c'est qu'il a vécu avec un sénat muet, avec une chambre muette, avec une presse muette, avec un conseil d'Etat muet.

Serait-ce donc — je m'arrête misanthropiquement sur cette réflexion incidente — serait-ce donc que notre progressive humanité, si fière des triomphes de sa raison, en soit réduite à ne pouvoir jamais choisir qu'entre un gouvernement de muets et un gouvernement de bavards? (*Pages* 33 *et* 34).

Mon Dieu, oui, entre des muets ou des bavards. Quoi diantre peut-on avoir en fait de députés ou de représentants, sinon ceux-ci ou ceux-là. La réflexion chagrine de M. de Cormenin me rappelle l'impatience du principal personnage de la comédie de l'*Inconstant*, qui s'étonne de ne pouvoir trouver dans un livre que de la prose ou des vers. On chercherait en vain un terme moyen, et ce qu'il y a de pénible à reconnaître, c'est que les gouvernements vivent avec les muets — exemple, celui de Napoléon — et périssent avec les bavards — exemples, ceux de Charles X et de Louis-Philippe.

C'est sans doute pour cela que

Toute monarchie constitutionelle n'est qu'un gouvernement inquiet, orageux, disputeur, controversé, traversé, renversé. (*Page* 35).

Vous avez bien raison, cent fois raison, mais parlez nous de la République ! Chez elle, jamais d'inquiétudes, d'orages, de disputes, de controverses, de traverses, de renversements : la paix perpétuelle rêvée par le bon abbé de Saint-Pierre ; témoin l'histoire des républiques anciennes, témoin l'histoire de celles du moyen âge, témoin notre histoire durant les huit dernières années du dix-huitième siècle, témoin ce que nous avons sous les yeux depuis trois ans.

Il n'y a pas un monarque absolu ou constitutionnel qui ne se dise légitime. Légitimité du roi et souveraineté du peuple, voilà les deux termes contradictoires et inconciliables de la question. (*Pages* 35, 36).

J'avoue n'en pas voir la raison ; j'ai déjà parlé du dictionnaire à l'occasion du terrible mot : *légitime !* (ci-dessus, *page* 61) ; je l'ouvre cette fois et j'y lis :

« Légitime (*legitimus*) qui a les qualités requises par les lois, — équitable, juste, fondé en raison, — fondé sur la loi générale, naturelle. »

Qu'y a-t-il donc dans tout cela de si répréhensible qu'on en fasse un mot de proscription ? Qu'y a-t-il donc de contradictoire et d'inconciliable entre la souveraineté du peuple et une chose qui se glorifie elle-même *d'être conforme à la loi ?* de *n'exister que par la loi ?* Il me semble, au contraire, que c'est le plus bel hommage qu'on puisse rendre à la souveraineté du peuple, puisqu'en définitive la loi ne devant être faite que pour lui, tout ce qui est légitime est dans son intérêt. Aimez-vous donc mieux ce qui est illégitime?

Mais la légitimité est ce qu'il y a de plus multiple et de plus confus. (*Page* 36).

Oh! un légiste! un président du conseil d'Etat! le père d'une Constitution! Que dirait-il donc de l'illégitimité?

Il s'adresse *aux trois quarts des hommes politiques de la Chambre* — pourquoi pas aux quatre quarts? — pour leur demander

s'ils pourraient tout de suite, eux qui savent tout, lui dire... :

je passe quelques digressions étrangères à la France,

Comment, en France, le monarque légitime est-il un garçon, et en Espagne, en Portugal, en Suède, en Russie, en Angleterre, une fille? (*Ibid*).

— Les hommes politiques, *qui savent tout*, manière polie de leur dire qu'ils ne savent rien, répondront : *C'est que la loi l'a voulu ainsi.*

Quelle est l'autorité obligatoire de la loi salique après quatorze cents ans? A quels caractères reconnaît-on et qui me définira l'antique, le prescriptible, le légitime, l'exclusif, le dominant, le traditionnel? (*Ibid*).

— *La loi.*

Où est le fait, quand il y a plusieurs faits? (*Page* 37).

— *La loi vous le dira.*

Où *est* le peuple, quand il n'y *avait* pas de peuple? Où *est* le droit, quand il n'y *avait* pas de droit? (*Ibid*).

— *Où est le monde quand il n'y avait pas de*

*monde?* — Voyez ci-après le commentaire sur l'article 1er.

Pourquoi Louis XVIII disait-il qu'il tenait son sceptre de Dieu, et le disant, comment le prouvait-il?

— Les acteurs de la comédie de quinze ans eussent mieux aimé qu'il eût dit qu'il le tenait des étrangers; mais, comme il ne l'a pas dit, ils le lui ont fait dire.

Pourquoi disait-il aussi qu'il le tenait de ses ancêtres, et de qui le tenaient ses ancêtres?

— Lisez l'histoire.

Comment le prouvait-il? et quand même il l'eût prouvé, quel est, me le pourriez-vous dire, quel est le roi *vrai* de Henri V, qui prétend régner sans suffrages, du comte de Paris, héritier de Louis-Philippe qui en avait eu 221, ou de Louis Bonaparte, héritier de Napoléon qui en avait eu 2 ou 3 millions. (*Page* 37).

S'il existe des doutes, c'est uniquement parce qu'on veut retourner la moralité publique, juger les principes par les faits au lieu de juger les faits par les principes. Supposez qu'une question semblable soit portée par des parties devant le contentieux du conseil d'Etat, et demandez-vous d'après quelles règles ou d'après quelles lois vous jugeriez. Le moindre juge de province ne serait pas embarrassé un instant.

Une fois engagé dans cette voie fatale du fait substitué au droit, on arrive forcément à cette conclusion finale qu'il n'y a de légitime que le fait heureux. On installe le matérialisme pratique roi de la société.

On a demandé pourquoi nous avions ajouté le mot de *démocratique* à celui de République *française.* (*Page* 40).

— Pourquoi? Pardi! nous le savons bien, dit le

lecteur; c'est que, comme le disait déjà Royer-Collard sous la Restauration : la démocratie coule chez nous à pleins bords; c'est parce que la France est démocrate jusqu'au bout des ongles.

— Vous êtes bien simple, mon cher ami, avec votre démocratie. Sachez, au contraire, que si l'on en a mis dans la Constitution, c'est parce qu'on en chercherait vainement ailleurs. Lisez :

En France où l'amour de la domination est le tourment singulier de nos âmes, où il y a de l'aristocratie à sa (*sic*) manière dans chaque village, *il fallait bien mettre la démocratie dans la Constitution, pour qu'elle fût quelque part!* C'ÉTAIT A TITRE D'INVITATION. (*Page 40*).

— C'est à n'en pas croire ses yeux tant cela paraît tristement bouffon! reprend le lecteur.

— Croyez ou ne croyez pas, la chose, toute triste et bouffonne qu'elle puisse vous paraître, est ainsi. Je n'y ai pas changé un mot, ajouté ou retranché une virgule. Je ne suis coupable que d'avoir souligné.

Il est donc avoué, par l'auteur de la Constitution, qu'elle ne croit pas à la démocratie comme fait existant, qu'elle se borne à nous la recommander, à nous *inviter* d'en user, si l'appétit nous en vient.

Mais M. de Cormenin, entre les deux passages que je viens de vous citer, a intercalé celui-ci :

Est-ce que *République* et démocratie ne sont pas synonymes! (*Ibid.*)

et M. de Cormenin sait la valeur des mots.

Or, puisque *démocratie* et *république* sont synonymes, il est évident qu'il pouvait et qu'on peut tout aussi bien écrire :

« En France où l'amour de la domination est le

tourment singulier de nos âmes, et où il y a de l'aristocratie à *sa* manière dans chaque village, il fallait bien mettre la *république* dans la Constitution pour qu'elle fût quelque part! C'était à titre d'invitation. »

Nous voilà bien à l'aise, d'après le commentaire donné par celui qui sait mieux que personne apparemment ce que la Constitution a entendu dire.

Il reconnaît donc de son *propre* mouvement, *de motu proprio suo*, que la république, qui ne fait qu'une même chose avec la démocratie, n'existe pas même dans un village; qu'ainsi la Constitution qui proclame la république n'est qu'un effet sans cause.

Les plus ardents adversaires du régime introduit par le Provisoire ne disent rien de plus fort.

D'après M. de Cormenin, la Constitution n'aurait pas pour objet de correspondre à un besoin avoué de la France, ce ne serait qu'une expérience faite sur elle, *in anima vili*, par des théoriciens.

Merci.

On conçoit fort bien, d'après cela, que M. de Cormenin, tout en avouant modestement (*p.* 12) qu'il ne prétend pas

avoir fait un chef d'œuvre, il s'en faut bien!

se montre néanmoins fort antipathique à la révision. Il ne faut pas troubler méchamment l'expérience pour venir dire après : vous voyez bien qu'elle n'a pas réussi. *Anima vili* est faite pour attendre qu'il plaise aux expérimentateurs de dire : c'est assez. Tant pis pour elle si elle succombe auparavant.

car il ne se dissimule pas les vices de la Constitution, ses longueurs, ses gênes, ses contradictions et ses inutilités. (*Page* 100).

Mais attendez ; vous n'êtes pas au bout de vos étonnements.

J'ai écrit aussi :

Vous comprenez bien que ce n'est pas moi,

la République a pour principes : la liberté, l'égalité et la fraternité. (*Page 41*).

Eh bien! voyez-vous, il en est de la liberté, de l'égalité et de la fraternité, absolument comme de l'esprit démocratique. C'est encore M. de Cormenin qui nous l'apprend :

Hélas! la triple et célèbre devise chrétienne n'a de sens qu'au front des églises et de sanction qu'au pied des autels, dans la poudre commune où nous nous inclinons. (*Ibid.*)

Hélas! sommes-nous fondés à dire à notre tour après l'expérience, il fallait, puisqu'il en est ainsi, la laisser là où seulement elle a un sens ; ne pas la tirer de la poudre du pied des autels pour la souiller dans la poudre à canon ; ne pas l'inscrire dans le préambule d'une Constitution, où, selon vous-même, elle n'a pas de sens, où, selon d'autres, elle prend un sens fort opposé à son sens naturel.

Ainsi *liberté, égalité, fraternité* sont pour le moins un non-sens ; république démocratique est un contre-sens et même une contre-vérité ; la liberté, l'égalité, la fraternité ne se rencontrent que dans l'église ; la démocratie ou la république nulle part : c'est l'auteur, le père, le rédacteur de la Constitution qui proclame tout cela, sans qu'on lui ait mis le couteau sur la gorge pour en faire sortir ces étranges aveux. Il faut donc croire qu'il est bien persuadé que c'est la vérité.

Et il y aurait encore des gens, lui à leur tête, pour crier : *point de révision!!!*

En voilà long sur un préambule qui *ne devait point nous arrêter*; mais ce n'est pas *ma faute*, j'ai dû suivre mon guide. Passons avec lui au corps même de la Constitution.

# CONSTITUTION.

## CHAPITRE Ier.

### DE LA SOUVERAINETÉ.

ART. 1er. —*La souveraineté réside dans l'universalité des citoyens français; elle est inaliénable et imprescriptible.*

Savez-vous pourquoi M. de Cormenin a proposé de dire ainsi?

C'est parce que :

Il n'y a pas encore de peuple en Chine, en Turquie, en Russie; il y a des masses. (*Page* 19).

Qu'est-ce que la Chine, la Russie et la Turquie ont à faire ici? je ne sais, continuons :

Parce que :

Il n'y avait pas de peuple Français avant 89. (*Ibid*).

Pas possible! — La chose est comme vous le dit M. de Cormenin. La France a vécu pendant quatorze cents ans sans peuple; il est probable même qu'il n'y en avait pas davantage auparavant. Mettons donc deux mille ans ou plus si vous voulez.

Les édits des rois, les harangues ou remontrances des parlements, parlaient bien quelquefois du peuple, mais ce n'était qu'une formule oratoire. Le peuple est né subitement en 1789, pas une minute avant. Jusque-là, il n'y avait que *des masses*. Je ne sais, par exemple, quel jour il a reçu le baptême : si ce fut le 14 juillet 1789 ou le 10 août 1792, ou le 21 janvier 1793. Une réimpression de RÉVISION nous édifiera sur ce point important.

Il y aurait bien encore quelques observations à faire sur ce sujet, mais elles trouveront plus loin leur place.

La souveraineté du peuple est *inaliénable*, car du moment où elle se transporterait sur une tête de roi, d'empereur ou de consul inamovible, elle aurait vécu.

Elle est *imprescriptible*. Ceci répond à la prétendue prescription des quatorze siècles d'usurpation traditionnelle et flagrante. (*Page* 20).

Ceci me paraît un peu sortir de la rectitude habituelle de la dialectique de Timon.

Je reconnais que si la souveraineté est *inaliénable*, elle peut être tuée par la délégation (v. ci-après, *page* 143), par sa translations ur une tête de roi, d'empereur ou de consul à vie. Donc, s'il y a eu « quatorze siècles d'usurpation traditionnelle et flagrante, » elle est morte depuis quatorze cents ans. Comment une chose morte peut-elle être *imprescriptible?* Je n'ai pas vu cela expliqué dans les *Questions de droit administratif*, M. le président du contentieux du conseil d'Etat fera sans doute disparaître cette lacune de la nouvelle édition qu'il prépare.

On répond à l'objection : mais puisqu'elle est *imprescriptible*, l'usurpation n'a pu la tuer. Je le veux bien ; alors, les mots : « elle aurait vécu, » ne sont qu'une manière de parler ; mais alors aussi, si la souveraineté du peuple existait toujours, en vertu de son *imprescriptibilité*, ne fût-ce qu'à l'état latent, le peuple existait donc, car la souveraineté du peuple sans le peuple, serait l'habit sans le corps, une pure friperie. Or, si le peuple

*

existait, pourquoi dire qu'il n'y en avait pas avant 1789?

Ou s'il n'est véritablement né qu'à cette époque, à qui donc reviennent toutes les gloires que l'histoire lui attribuait, durant le cours de ces quatorze cents ans d'usurpation, dans la religion, dans la civilisation, dans les sciences, les arts, les lettres, la guerre, l'industrie, et la gloire de la création de cette langue magnifique devenue universelle presque comme celle des anciens Romains, sans avoir eu besoin d'être répandue par la conquête violente de l'univers?

S'il n'y avait pas de peuple, ces gloires appartiennent donc aux usurpateurs?

Savez-vous, Monsieur de Cormenin, qu'il y aurait là de quoi nous inspirer un certain goût pour les usurpateurs, et que vous nous jetez dans une grande perplexité d'esprit.

Ou si vous nous dites que le peuple asservi n'en possédait pas moins cette vertu qui se développait, nonobstant l'oppression de la tyrannie, nous serons peut-être conduits à dire qu'il fallait donc que cette oppression ne fût pas en fin de compte bien terrible, puisqu'elle laissait à l'opprimé le pouvoir de faire de si grandes choses;

A nous demander même ce qu'il a fait de mieux ou seulement d'approchant depuis qu'il a été débarrassé de ses oppresseurs, et s'est mis à jouir de la plénitude de sa souveraineté.

Je ne touche pas, dans cette question indiscrète, vous le comprenez bien, à la Constitution de 1848, qui, en effet, n'avait pas encore eu son équivalent, parce qu'il a bien fallu que la France attendît près de quatorze cents ans que votre heure fût venue; parce qu'enfin elle est — la Constitution — votre enfant à vous, et non pas le sien. *Cuique suum,* disent les latinistes : à chacun le sien. Ce n'est pas précisément là une maxime socialiste ; mais je ne crois pas que vous le soyez non plus. Cependant nous verrons.

*Aucun individu , aucune fraction du peuple ne peut s'en attribuer l'exercice* (*de la souveraineté.*)

Il est évident que ce paragraphe est la condamnation du Provisoire et de tous les faiseurs de tours de main passés, présents et futurs.

Soit un *seul* ou *plusieurs*, soit (*sic*) tous ceux qui ne gouvernent pas *de par* le peuple sont des despotes. (*Page* 21).

Il en est encore d'autres que l'auteur oublie et que j'ai signalés dans la première partie de cet écrit (*page* 13).

M. de Cormenin continue :

Doit-on leur obéir ? Non.

Doit-on les renverser ? Oui.

C'est la conséquence de notre principe.

En d'autres termes :

L'insurrection est-elle un crime ou un devoir ?

Résumons :

Un crime , oui, contre la souveraineté du peuple ; un devoir, oui, contre son usurpation. (*Page* 21.)

L'ami de M. de Lafayette et d'Armand Carrel, qui les consultait de leur vivant dans l'intuition prophétique du rôle qu'il pourrait avoir à remplir, ne pouvait dire ni autrement, ni mieux. Maintenant qui décidera qu'il y a usurpation? qui délibérera sur ce qu'il convient de faire? qui commandera? qui agira, et sous quelle forme agira-t-on?

L'honorable père de la Constitution aurait bien dû souffler à sa fille la réponse à ces questions qui ne laissent pas que d'être assez embarrassantes, surtout lorsque l'occasion ôte le sang-froid de la réflexion ; mais un autre logicien politique vient, précisément au moment où j'écris, de répondre à la tribune à la principale question : *qui décidera s'il y a usurpation?* — LA CONSCIENCE DE CHACUN. — Cela fera, convenez-en, une jolie macédoine.

Vous aurez la conscience du fou, la conscience du sot, la conscience de l'imbécille, la conscience du turbulent ;

La conscience du sophiste, la conscience du mécontent ;

La conscience du pillard, la conscience de l'escarpe, la conscience de l'incendiaire, la conscience de l'ambitieux ;

La conscience du haineux, la conscience de l'envieux ; enfin, la conscience de tous les gens dont les affaires sont dérangées et qui comptent toujours sur les révolutions pour se tirer d'embarras.

Et chacune de ces consciences-là prendra à volonté son fusil et descendra dans la rue en criant : la Constitution est violée ! ! ! et, attendu que l'insurrection est le plus saint des devoirs, je m'insurge. Que qui pense comme moi me suive !

Autre question : suffit-il de mettre en tête des actes : *de par le peuple*, pour n'être point compris au nombre des despotes que l'on *doit* renverser ? La recette est simple et facile. Sinon est-on bien sûr de distinguer parfaitement entre les imputations des hommes qui ne cessent jamais d'être mécontents, caustiques, satiriques ou menaçants, et les usurpations réelles, mais plus ou moins adroitement voilées.

— L'assemblée nationale n'est-elle pas là ?

— Et si c'est l'assemblée elle-même qui se fait

usurpatrice? car après tout, si cela ne s'est jamais vu, cela peut se voir.

Le paragraphe expliqué par son auteur n'est donc au fond que le droit perpétuel et journalier d'insurrection, n'y ayant pas un jour où l'on ne puisse trouver un prétexte d'accuser l'un des deux pouvoirs de s'attribuer la souveraineté.

Voulez-vous, d'ailleurs, une définition de cette souveraineté qui rendra peut-être la chose plus claire? C'est

La plus grande figure idéale des temps modernes; elle porte dans sa main le suffrage universel tandis que la République se déroule dans les plis de son manteau. (*Page* 21).

Une république qui se *déroule* dans les plis du manteau d'une figure idéale, convenez que cela est magnifique, et que M. de Cormenin n'est pas de ces gens qui font du neuf avec du vieux, à part le manteau cependant qui ne doit plus être de la première fraîcheur après avoir été si souvent mis dans la poche de l'usurpation. Je ne l'aurais jamais cru si romantique — M. de Cormenin — non pas le manteau; mais cela ne fait de mal à personne. Seulement on peut être tenté de dire *que les définitions bâties avec le mortier et la truelle* de M. de Cormenin et dont il se fait une *enceinte fortifiée pour se défendre* (*page* 15), ont quelque chose de bien idéal.

## CHAPITRE III.

### DES POUVOIRS PUBLICS.

*Art.* 18. *Tous les pouvoirs publics, quels qu'ils soient, émanent du peuple. Ils ne peuvent être délégués héréditairement.*

On pourrait prétendre que les pouvoirs ne peuvent émaner que du souverain, et que, comme il n'y a pas d'autre souverain que le peuple, il semblait inutile de dire que tous les pouvoirs émanaient du peuple. Cela allait de soi.

C'est vrai, j'en conviens ; mais comme les rois précédents n'en convenaient pas, comme le dernier roi excipait plutôt du vœu que de la volonté du peuple, ce qui n'était pas tout à fait la même chose,

La distinction entre le vœu et la volonté me paraît bien subtile, pour ne pas dire, un peu jésuitique.

comme il s'était mis à le gouverner sans le consulter préalablement et sans prendre ses ordres,

Absolument comme le gouvernement provisoire,

j'entaillai (*sic*) dans l'article 18 cette incise : Les pouvoirs publics, *quels qu'ils soient*, c'est-à-dire, le chef du gouvernement aussi bien que la Chambre et le reste.

Et ce n'est pas sans une intention corrélative que j'ai employé le mot *pouvoir*. (*Pages* 45 *et* 46).

On comprend que la souveraineté ne puisse pas se déléguer, car si cela pouvait se faire, il se ferait aussi, qu'au rebours de tous les principes, il arriverait des cas où l'on pourrait dire que ce n'est pas le gouvernement qui est fait pour les peuples, mais que ce sont les peuples qui sont faits pour le gouvernement.

Cela s'est vu, cela s'est dit, sans doute, de peuples asservis par la conquête, mais jamais en France, où le monarque n'a jamais été considéré que comme le premier de la nation et non comme le maître de la nation. Si, dans le langage usuel, il était appelé quelquefois le souverain, c'était par une sorte d'antonomase, comme quand on dit la *justice* pour désigner le juge.

Il n'en est plus de même à l'égard des *pouvoirs*

qui sont ce qu'on peut appeler les droits réels de la souveraineté. Celle-ci peut les déléguer *héréditairement*, selon un vieil usage; *seulement à temps*, selon la Constitution.

Toutes les paroles d'un logicien de la force de M. de Cormenin ont du poids. Il faut donc les examiner avec une grande attention.

M. de Cormenin cherche ici à rendre identiques la *souveraineté* et les *pouvoirs*, tout en paraissant les distingner. Il dit, en effet, que la souveraineté ne peut se déléguer, parce qu'alors elle s'aliénerait, et que les pouvoirs peuvent se déléguer, mais non héréditairement, parce que « il n'y a pas d'hé« rédité possible avec la souveraineté » (*page* 48), d'où il suit évidemment que la délégation héréditaire des pouvoirs produirait absolument le même effet que la délégation de la souveraineté, que celle-ci « *aurait vécu* » (*page* 20).

La délégation peut-elle, par l'effet de sa prolongation indéfinie, devenir une aliénation? Il me semble que toute la question est là, et même qu'elle doit être renfermée dans des termes plus précis encore : délégué et aliéné, ont-ils la même portée, la même signification?

M. de Cormenin reconnaît que non, puisqu'il autorise la délégation et repousse l'aliénation. Cependant il dit presque en même temps : « si la « souveraineté pouvait se déléguer elle s'aliéne« rait » ; donc il veut ici que les deux choses n'en soient qu'une. Il faut bien l'en croire; ce n'est pas à moi qu'il convient de nier une proposition émise par un esprit aussi éminent, même quand elle paraît offrir une contradiction.

Si donc déléguer peut être le synonyme ou l'équivalent d'aliéner, on ne peut méconnaître que la délégation à temps ne soit l'équivalent d'une aliénation temporaire.

Eh bien! est-ce qu'au fond une aliénation ou délégation *héréditaire* est pour une nation rien de plus qu'une aliénation ou délégation *temporaire*. Les familles passent, la nation reste toujours prête à reprendre ce qu'elle a délégué en vertu de sa souveraineté, aussi bien que si cette reprise n'avait à attendre que quelques années. Donc cette délégation héréditaire ne tue pas la souveraineté. Mais il est certain qu'elle tue les espérances des ambitieux!

Je soumets maintenant cette question au logicien, au législateur, au président du conseil d'Etat, car M. de Cormenin est ou fut tout cela : est-on fondé en droit et en raisonnement, en effet, à prétendre qu'il y a connexité entre la délégation indéfinie et l'aliénation? Ne faudrait-il pas pour cela que la délégation conférât, comme l'aliénation, à celui à qui elle se fait, le droit d'user, d'abuser, d'annihiler, de transporter, d'aliéner à son tour et à sa volonté? Où se trouve-t-il écrit que la délégation confère ce droit? Les Etats ou les parlements ne l'ont-ils pas dénié, dans certaines circonstances, au roi Jean, au roi François Ier, à Louis XIV lui-même, à l'occasion de son testament? Est-ce que l'abjuration de Henri IV n'a pas été un éclatant hommage rendu à la souveraineté de la nation qui ne voulait pas d'un monarque hérétique?

La délégation héréditaire des pouvoirs de la souveraineté n'avait donc pas tué la souveraineté elle-même, n'était pas incompatible avec elle.

Qui donc favorise le second paragraphe de l'article 18, sinon les ambitieux, le frétin surtout qui convoitent le pouvoir ou quelques bribes du pouvoir. Rien qu'à ce mot, ils se sentent déjà étouffer; aussi parlez-leur de révision!

Art. 19. *La séparation des pouvoirs est la première condition d'un gouvernement libre.*

Plus les pouvoirs se confondent sur la même tête, plus on s'approche de la tyrannie. Plus les pouvoirs se divisent sans s'affaiblir et plus les résistances de la liberté compensent les envahissements de l'autorité. (*Page* 49)

Ajoutez : et plus aussi, on s'approche de l'anarchie. Lisez l'histoire, et surtout la nôtre.

Ajoutez encore, en fin de compte, que rien n'est plus près de la tyrannie que l'anarchie. C'en est la préface.

Ils (les pouvoirs divisés) se jalousent, c'est ce qu'il faut ; ils se disputent, tant mieux ; s'ils crient, c'est qu'ils ne sont pas morts, et s'ils ne sont pas morts, c'est que nos libertés vivent ! (*Pages* 49 *et* 50).

Peu importe que ces dissensions continuelles troublent le pays et fassent mourir le peuple de faim,

Rome est libre, il suffit...

Il faut seulement que, s'ils se battent, ils le fassent de manière que leur bruit nous avertisse, mais pas de manière qu'ils se tuent.

Et c'est là le difficile.

Mais la presse y peut beaucoup.

Bonne presse !

Elle y peut d'autant plus qu'elle sera plus libre.

Nous en savons quelque chose.

Prenez bien garde que j'ai dit la *séparation* des pouvoirs ; sous la monarchie constitutionnelle, j'aurais dit : l'*hostilité* des pouvoirs est la première condition du gouvernement. (*Page* 50).

Et voilà pourquoi ils ont fait une si belle fin, et la monarchie constitutionnelle avec eux ! mais sous la république il n'y aura que *séparation*, — sauf quand ils se battront, ce qui sera un signe *qu'ils ne sont pas morts* et qu'ils se sont rapprochés *fraternellement*.

Vous croyez que ce mot m'appartient? Je le restitue à son auteur.

L'essentiel était que les deux pouvoirs, le *législatif* et l'*exécutif*, issus de la même mère, ne se fissent pas trop fraternellement la grimace (*Page*. 51).

Vous savez ce qui en est.

*Art. 20. Le peuple français délègue le pouvoir législatif à une Assemblée unique.*

Je commence par déclarer que moi, qui fais partie du peuple, pour mon trente cinq millionième, je n'ai rien délégué du tout, et que si j'avais été consulté, je n'aurais pas voulu de cette assemblée unique. Je connais un nombre très-considérable d'autres trente cinq millionièmes du souverain — à commencer par vous, peut-être, mon bénin lecteur — qui sont dans le même cas et dans les mêmes idées.

Dès la première ligne de cet art. 20

Je crois bien que c'est la seconde qu'il faut dire, mais passons,

surgit, dans le sein de notre commission, l'une des plus grosses questions du pouvoir législatif.

Aurait-on une ou deux chambres?

Longtemps avant, j'avais débattu cette thèse contre mes amis Lafayette et Armand Carrel, épris tous deux des formes américaines.

Mais les secondes chambres ne représentent naturellement que les priviléges aristocratiques!

Qu'est-ce que les priviléges aristocratiques par les temps qui courent?

Mais si elles sont nommées par les mêmes électeurs, à quoi bon deux chambres?

A éviter, autant que faire se peut, qu'une seule devienne usurpatrice; à empêcher que l'un des deux pouvoirs soit un obstacle à l'autre.

Mais si elles sont nommées avec des conditions différentes de fortune, d'âge, de domicile, de dignité, de nombre, d'attribution, à quoi bon ces différences?

Demandez à l'histoire politique de tous les pays qui ont eu ou qui ont deux Assemblées.

Mais si le pouvoir peut les nommer, de quel poids pèseront-elles dans les balances de la législature? Mais si le pouvoir peut les dissoudre, quelle sera leur indépendance, et quel sera leur crédit? Mais s'il ne peut pas les dissoudre, n'est-ce pas assez qu'il y en ait déjà une d'indissoluble ? Mais ne serait-ce pas un réfuge ouvert aux résistances arrièrées et aux oppositions sourdes, futiles, tracassières ?

Ce pourrait leur être aussi un obstacle et ne pas plaire à tout le monde.

Mais, en cas d'insurrection, ne serait-ce pas un point d'appui pour des éclats d'ambition ou pour des restaurations de prétendances?

Ne craindrait-on pas plutôt que ce fût un point de résistance contre l'insurrection même?

Mais n'ont-elles pas pris si peu de racines dans le pays, après plus de trente ans de semis et d'horticulture, que l'orage les a déracinées du premier coup et balayées comme une poussière?

Hélas! qui ou quoi donc y a pris racines, si ce n'est l'esprit de contention, de désordre et de démagogie!

Mais peut-il y avoir place à de secondes chambres qui ne représentent ni la royauté, ni l'aristocratie, ni le gouvernement, ni l'agriculture, ni le commerce, ni les lettres, ni les sciences, ni les beaux-arts, ni le peuple, ni la bourgeoisie, et qui n'ont à faire valoir, soit pour le passé ou pour l'avenir, ni mémoire, ni services, ni grandeur, ni indépendance, ni rien de ce qui ferme glorieusement les ères anciennes, ni rien de ce qui ouvre heureusement les ères nouvelles, rien de ce qui fait espérer, rien de ce qui fortifie, rien de ce qui rassure et rien de ce qui console! (*Pages* 53, 54 *et* 55).

Quoi! rien de tout cela n'était représenté par l'ancienne pairie? vous êtes bien oublieux. Il est vrai que l'oubli peut expliquer l'oubli.

Quoi! vous oubliez aussi ces frénétiques ovations qui ont accueilli certains votes de la haute chambre sous la restauration et fait tomber la *chambre introuvable*! Vous êtes bien ingrat, et ces pairs de Louis XVIII sont bien récompensés, pour la seconde fois, de tout ce qu'ils ont fait pour acquérir une douteuse popularité.

Voilà de quelle manière la démocratie paie les services qu'on lui rend.

Poursuivez, monsieur, poursuivez.

Par tous ces motifs que j'abrège, et des meilleurs j'en laisse, je proposai *tout net* l'unité du corps législatif : j'étais appuyé sur l'opinion publique (*Page* 55).

De l'assemblée constituante, c'est vrai, mais non de celle du dehors, soyez en sûr. Et encore quand je dis l'opinion *publique* de l'assemblée, j'ai tort d'oublier qu'une minorité de plus d'un tiers vota contre votre assemblée unique.

C'est pure folie d'attendre d'une Assemblée qui fait une Constitution, qu'elle se donnera un contre-poids. Elle peut bien à toute force créer une seconde assemblée; mais tenons pour assuré qu'elle la rendra si décolorée, si faible, que l'autre ne sera qu'une ombre.

Allez proposer à un corps de législateurs français, de ne pas se mettre les premiers en évidence et hors ligne! (*Page* 51);

Voyez ce qu'est devenue la pairie de Louis XVIII quand les 221 se sont mis à la remanier en 1830.

Art. 23. *L'élection a pour base la population.*

Mon intention, en écrivant dans le décret organique du 5 mars 1848...

Ce décret est donc le premier-né de M. de Cormenin, père dès lors non-seulement de la Constitution, mais aussi de la Constituante, sa mère, ce qui flaire terriblement l inceste,

cet article, que je transposai ensuite dans la Constitution, avait été de couper court aux distinctions de l'ancienne assemblée constituante sur la masse de la population, la masse des contributions et la masse topographique. On ne représente pas de l'argile, des écus et de l'espace; on représente l'homme, l'homme seul (*Page* 56).

Ce serait très-bon pour une assemblée d'êtres métaphysiques, ne vivant que dans les idées et par les idées, non pour une assemblée où l'on doit s'occuper quelque peu des intérêts matériels, c'est-à-dire, de l'argile, des écus, des solidarités *circonscriptionnelles*, ou si l'on veut parler clairement de la propriété, de l'industrie, de la répartition des impôts et du recrutement. Risquer de n'y appeler que des esprits entièrement étrangers, ou peut-être hostiles à ces intérêts, principalement parce qu'ils y sont étrangers, ou parce qu'ils ne s'y rattachent que par leur indigence, leur ignorance ou leur convoitise, c'est prendre le contrepied de tous les législateurs passés les plus républicains, de la logique, de la raison.

Cet article 23, ainsi commenté par son auteur, ne serait rien moins que la proclamation de l'égalité des intelligences ; la préparation à l'égalité des salaires, à la promiscuité universelle; rien de plus, rien de moins enfin que le socialisme, et l'on aura tort désormais de poursuivre et de condamner ceux qui crieront : Vive la république démocratique et sociale! Ils pourront prouver qu'elle est dans la Constitution.

Les résultats de cet article ont été et devaient être la loi du 31 mai, ou quelque autre chose semblable.

Très-certainement une portion considérable des représentants qui ont voté l'article faiblement débattu, à peine discuté, parce qu'on n'y a guère vu qu'un élément de capacité substitué à un autre, l'eussent repoussé si le commentaire les avait aidés à se rendre compte de tout ce qu'il pouvait contenir.

Il va sans dire que M. de Cormenin n'est pas pour la loi du 31 mai.

Si la nation ne peut abdiquer son droit de suffrage, comment le citoyen, qui est membre intégrant de la nation, pourrait-il abdiquer le sien? Si vous ne pouvez ôter son droit au tout, comment pourriez-vous l'ôter à la partie? Si la souveraineté nationale est inaliénable et imprescriptible, comment la souveraineté individuelle, d'où la nationale procède, serait-elle aliénable et prescriptible? Si je suis travailleur et honnête, et que je ne puisse, à mon grand regret, avoir un domicile fixe, c'est que je suis pauvre, et si vous m'ôtez mon droit parce que je suis pauvre, alors il faut logiquement rétablir le cens (*Page* 59).

Logiquement cela est très-illogique. On peut être pauvre et avoir un domicile; on peut n'être point pauvre et n'être qu'un vagabond, et tout cela n'a rien de commun avec le cens.

Il est assurément fâcheux qu'un travailleur honnête soit privé de la faculté de déposer sa boule au scrutin. Je dis fâcheux, non pour lui à qui il profite mieux de remplir sa journée, mais fâcheux pour le pays qui perd une voix honnête.. Mais est-ce le plus grand nombre de ces hommes laborieux, consciencieux, et sourds à la voix des émeutes que la loi écarte? Qu'en pensez-vous?

J'ai dit et je répète au reste que je ne me fais pas son champion.

Art. 24. *Le suffrage est direct et universel; le scrutin est secret.*

Avec le suffrage *indirect*, c'est-à-dire, à *plusieurs*

degrés, nous arriverions tout droit au despotisme russe (*Page* 60).

Mais sous la première république on ne votait pas autrement. On était donc *Russe?* l'on peut donc être *Russe* sous une république? Napoléon a eu tort de dire *république* ou *cosaque*, il aurait dû dire : *république* et *cosaque*.

J'ignorais tout à fait dailleurs que les Russes possédassent l'avantage d'élire des représentants, même avec le suffrage indirect. Ils sont, à ce qu'il paraît, beaucoup plus avancés que nous ne le soupçonnions.

Je donnerais tout le reste de la Constitution pour cette seule ligne :

... Le suffrage est direct et universel. (*Page* 60).

Allons, monsieur de Cormenin, encore un peu de courage ! Vous venez de faire là un grand pas et vous savez qu'il n'y a que le premier pas qui coûte.

## CHAPITRE V.

### DU POUVOIR EXÉCUTIF.

Art 43. *Le peuple français délègue le pouvoir exécutif à un citoyen qui reçoit le titre de président de la république.*

J'ai proposé la même rédaction pour l'article 43 que pour l'article 20, *et l'on n'a pas assez fait d'attention à cette identité de termes.* Est-ce que, d'ailleurs, dans ce pays-ci, on fait la moindre attention à rien ?

Je suis bien de cet avis.

Et combien y a-t-il de personnages officiels qui aient lu la Constitution? Il leur suffit apparemment de la pratiquer ! (*Page* 62).

Hum ! c'est bien satyrique cela !

Nous avons voulu placer les deux pouvoirs exactement sur la même ligne. (*Page* 60).

Exactement comme le capitaine et le caporal d'encadrement sont sur la même ligne dans un front de bataille. J'ai montré (*pages* 38, 40, 41) comment il y a égalité réciproque entre les deux pouvoirs.

M. de Cormenin, on l'a vu plus haut, est pour la division des pouvoirs; il n'est même pas fâché qu'ils *se disputent*, qu'ils *crient*, et qu'ils *se battent*, pourvu qu'ils *ne se tuent pas*; ce n'est pas un homme de sang. On n'est donc pas surpris de lire :

Pour moi, je suis contre l'omnipotence simple qui veut traîner le gouvernement à sa remorque, et contre l'omnipotence renforcée qui veut absorber le gouvernement dans son sein.

L'un et l'autre de ces systèmes me semble contraire à la Constitution et fatal à la liberté. Plutôt vaudrait (*sic*) le gouvernement direct du peuple, que le gouvernement d'une assemblée ; car j'aime encore mieux ce qui est impossible que ce qui est odieux. (*Page* 68).

Il n'y a peut-être au monde que M. de Cormenin pour aimer, ne fût-ce que comme pis-aller, l'impossible, sachant qu'il est l'impossible; n'importe, l'intention est bonne. Mais s'est-il bien demandé si le *gouvernement direct du peuple* qui serait impossible, parce qu'il ne serait rien de plus que l'anarchie, ne conduirait pas directement à l'*omnipotence renforcée qui veut absorber le gouvernement dans son sein?*

Cette omnipotence lui semble odieuse, à moi aussi; mais l'anarchie ne l'est guère moins, et odieux pour odieux, moins hardi que M. de Cormenin, je ne me sens pas le courage de choisir. Cependant, à tout prendre, j'avoue que j'aimerais encore mieux que l'anarchie, l'omnipolence renforcée, pourvu que ce ne fût pas celle de Marius ou de Sylla ou de la Convention.

C'est intuitivement, je l'avoue, plutôt que préméditativement que nous avons organisé le pouvoir exécutif tel qu'il se comporte dans l'article 43 de la Constitution. (*Page* 69).

Pas n'était besoin de le dire. On reconnaît bien que les longues méditations n'ont point passé par là.

Le peuple français n'a délégué à l'assemblée que le pouvoir législatif et il a délégué au président la plénitude du pouvoir exécutif.

Si j'appuie sur leur séparation tranchée, c'est que le pouvoir législatif d'aujourd'hui n'y veut pas entendre, et que le pouvoir exécutif lui-même comprend très-mal son attribution. (*Ibid*).

*S'ils se jalousent*, n'est-ce pas *ce qu'il faut? s'ils se disputent*, n'est-ce pas *tant mieux*? *s'ils se font la grimace trop fraternellement et s'ils se battent*, pourvu qu'ils ne se tuent pas, n'est-ce pas le beau idéal, ce que vous avez voulu obtenir? Qu'avez-vous donc à leur dire?

C'est au peuple à contenir vigoureusement le pouvoir exécutif et le pouvoir législatif dans leurs limites et à comprimer les tourments ambitieux de sa double délégation. (*Ibid*).

— Par l'insurrection n'est-ce pas?

Qu'on me laisse dire ici toute ma pensée.

Mais nous serons fort heureux de la savoir.

Si vous ne parvenez pas à séparer de plus en plus les attributions et les mouvements des deux pouvoirs, et à substituer graduellement le régime de la liberté individuelle au régime du gouvernement parlementaire, vous n'aurez que des constitutions avortées et que des Républiques sans vérité, sans adhésion, sans douceur, sans bien-être et sans lendemain. (*Pages* 69-70).

C'est que cela y tourne beaucoup, vraiment!

*

## CHAPITRE XI.

### DE LA RÉVISION DE LA CONSTITUTION.

Art. III. *Lorsque, dans la dernière année d'une législature, l'assemblée nationale a émis le vœu que la constitution soit modifiée en tout ou en partie, il sera procédé à cette révision de la manière suivante :*

*Le vœu exprimé par l'assemblée ne sera converti en résolution définitive qu'après trois délibérations consécutives, prises chacune à un mois d'intervalle et aux trois quarts des suffrages exprimés. Le nombre des votants devra être de cinq cents au moins.*

Il ne faut pas dire que nous nous y sommes pris de manière à interdire la révision.

Je me disais : nous pouvons, sans trop de présomption, promettre à notre charte républicaine une durée à peu près égale à celle des autres chartes, et il me semblait, ne fût-ce que par esprit de contradiction, qu'on la changerait d'autant moins qu'il serait permis de le faire. (*Page* 76).

Maintenant et dans l'état anarchique des partis parlementaires, une révision est-elle constitutionnellement possible ? Non.

En d'autres termes, aurait-on les trois quarts des voix dans trois délibérations consécutives ? Non.

Supposez, en effet, 750 votants, il suffit, pour qu'il n'y ait pas de révision, que la minorité négative monte à 188 voix, à 175 pour 700 votants, à 170 pour 680 votants.

Or, ne se trouvera-t-il pas 188, 175, 170 députés qui voudront, même au prix de ses défauts, garder maintenant la Constitution telle qu'elle est ?

Il s'en trouvera plus de deux cents, et le nombre augmentera à la seconde ou à la troisième lecture, par la réunion de l'une des fractions dissidentes de la majorité à la minorité. (*Page* 79).

Il est évident que tout cela a été prévu, calculé par le rédacteur de l'article. On n'est pas logicien pour rien, et il ne fallait pas l'être beaucoup pour conclure du passé au présent et du présent au futur, que les circonstances qui forment entraves à l'adoption de la révision, se rencontreraient à point. Et la preuve que la chose était prévue, c'est la défense embarrassée qui suit :

Est-ce une raison pour soutenir que l'impossibilité d'une révision viole le principe de la souveraineté du peuple ? Non, car il y a des difficultés sans doute, des *difficultés heureuses*, mais il n'y pas d'impossibilité. (*Page* 81).

Il n'y a pas d'impossibilité, dit M. de Cormenin, — d'impossibilité légale, constitutionnelle, non certes il n'y en a pas ; mais il y a impossibilité morale et intellectuelle produite par des *difficultés heureuses*, et celle-là vaut bien toute autre, et elle était à prévoir, et elle a été prévue ; et les difficultés heureuses sont telles, qu'il est à peine possible de concevoir une législature où elles ne se reproduisent pas, bien que les causes puissent varier.

Est-ce qu'il n'y a pas toujours, dans une assemblée, une opposition formée par quelques *passions aveugles et ennemies*, renforcée des inquiets, des tracassiers, des gens aspirant au pouvoir qui ne leur vient pas assez vite? Ce serait grand hasard si elle ne s'élevait pas au moins au quart de l'assemblée. Déduisez de la majorité les pusillanimes, les indécis, les négligents qui ne se trouvent jamais que de son côté, et dites si la révision aux trois quarts est possible,

Si la faculté inscrite dans l'art. 111 n'apparaît pas comme un leurre, une déception préparée?

Et nous, ce n'est pas, répétons-le, parce que nous ne voyons rien à redire ni à refaire à la Constitution, et tant s'en faut, que nous ne voulons pas la révision, c'est parce que nous trouverions, *en ce moment-ci*, sans nécessité, sans urgence, et très-périlleux, surtout pour nos adversaires, qu'on y touchât. (*Page* 81).

C'est on ne peut plus aimable. Eh bien, vous verrez, je gage, que vos ingrats adversaires ne vous en sauront aucun gré.

Qu'eussent dit les chartistes de la charte orléanaise de 1830, si, de son vivant, l'on avait voulu réviser cette charte ? N'eussent-ils pas demandé tout au moins les trois quarts des voix de la chambre et peut-être l'unanimité ? Qu'eussent dit les chartistes de la charte bourbonnienne de 1814, si, de son vivant, l'on avait voulu réviser cette charte ? N'eussent-ils pas prétendu que l'unanimité ne suffisait pas ? (*Page* 93).

Oh ! monsieur, le dialecticien Timon des pamphlets baisse, je vous en avertis, devant le rédacteur de la Constitution ! Ni les chartistes de la charte de 1830, ni les chartistes de la charte de 1814, les fameux comédiens de quinze ans, n'eussent rien dit, parce qu'il ne pouvait être question de réviser des chartes qui n'étaient point révisables, et qu'on ne peut comparer dès lors à une Constitution qui se déclare d'elle-même sujette à révision.

Cependant si,, attendez. Je crois me rappeler que Louis XVIII, l'auteur de la dernière, selon la phrase, de la première, selon la chronologie. — Ce roi a eu l'honneur de partager avec vous celui de donner une Constitution au peuple français. — Je crois me rappeler, dis-je, que Louis XVIII, reconnaissant en 1816, ainsi que vous en 1851, à propos de la vôtre, — que son œuvre pouvait bien ne pas être un chef-d'œuvre, voulut aussi la réviser.

Mais les comédiens de quinze ans, qui étaient déjà sur la scène, derrière le rideau, arrachèrent la fameuse ordonnance du 5 septembre, portant que la Charte ne serait pas révisée. Peut-être la révision eût-elle évité 1830 et conjuré 1848.

Mais ce qui est écrit est écrit, et l'art. 111 est écrit.

Il y aurait bien d'autres instructions à tirer de la brochure de M. de Cormenin; il y aurait aussi bien d'autres articles de la Constitution qui auraient besoin d'être expliqués au lecteur. Mais je n'ai eu d'autre intention que celle de lui soumettre, à l'appui de mes réflexions sur la nécessité incontestable, démontrée, de la révision, les commentaires mêmes de l'auteur de la Constitution sur ceux de ses articles qui lui ont paru les plus propres à en faire ressortir l'esprit et les avantages, à faire apprécier à la France le bonheur méconnu dont elle jouit, et combien elle serait inconséquente si elle souffrait qu'on y portât la moindre atteinte par une révision quelconque.

Je n'ai pas dû aller au delà, sous peine de faire un livre au lieu d'une brochure.

Quant à M. de Cormenin, je le répète, son parti est pris contre toute révision, quoiqu'il ne prétende pas qu'il n'y ait rien à reprendre à sa Constitution.

Certes, dit-il, nous en retrancherions volontiers plus des neuf dixièmes, et il en resterait encore bien assez! (*Page 74*).

Je suis entièrement de son avis; il ne s'agirait que de s'entendre sur les neuf dixièmes à retrancher; voyons son dixième.

Permettez que je m'en tienne tout uniment aux bases suivantes du régime de *mon choix* :

Tenez-vous-y, monsieur de Cormenin, tenez-vous-y, vous avez toute liberté; mais, sous le régime de *votre choix*, n'y a-t-il pas aussi un peu, de cette liberté pour les autres?

La souveraineté du peuple,

Personne ne la conteste, personne ne la repousse, pourvu que ce ne soit pas la souveraineté uniquement du peuple de la rue ;

Le suffrage universel et direct,

Oui, comme vous le désirez vous-même, épuré et à la commune ;

La république,

J'en veux bien, si l'on peut l'empêcher sûrement de tourner à l'anarchie où à la Convention ;

La Constitution,

Révisée, après que le peuple souverain aura été consulté sur cette question très-simple : *république* ou *monarchie?*

L'assemblée,

Pour le coup, nous n'acceptons pas l'assemblée unique qui n'est que la préface d'une Convention ;

Le président,

Si, en république, oui; pourvu, s'il n'y a qu'une assemblée unique, qu'il puisse la dissoudre, et pourvu encore que ses pouvoirs soient d'une durée suffisante pour ne pas compromettre sans cesse la paix publique et la marche des affaires par des élections trop rapprochées ; pourvu enfin que le *peuple souverain* obtienne la liberté de le réélire, s'il croit la réélection nécessaire à ses intérêts ;

La religion,

Oh! sans doute, mais elle doit être de tous les régimes, même de ceux qui ne seraient pas de *votre choix ;*

La liberté,

En tant qu'elle sera réglée pas les lois, qu'elle

ne se manifestera pas par l'insurrection, et qu'elle n'outragera ni la religion, ni la morale;

La justice,

Je dis de la justice ce que j'ai dit de la religion;

L'instruction,

Sous la condition que, n'importe sous quel régime, elle ne soit ni irréligieuse, ni immorale, ni révolutionnaire, ni donnée par des hommes notoirement coupables d'irréligion, d'immoralité, d'opinions révolutionnaires;

Le travail,

Le travail est la vie du peuple et de la société; le régime de *votre choix* en a procuré aux travailleurs pendant *une année* — je ne compte pas, il est vrai, les ateliers nationaux — puis les conséquences de ce régime substituent à cette année une année de chômage, dans l'attente ce qu'il plaira à Dieu de donner aux travailleurs en 1852.

Le bien-être,

Vous avez oublié de le décréter dans votre Constitution. C'est probablement pourquoi il se fait attendre. Vous voyez bien qu'une révision est indispensable;

L'économie. (*Page* 85).

Deux cents millions d'économie! vous l'avez écrit, page 75; mais vous avez oublié de dire sur quoi vous la feriez. Je sais un peu trop les affaires, voyez-vous, pour me laisser prendre à des mots en l'air que le premier chiffonnier aspirant à la candidature trouve tout aussi bien que le conseiller d'Etat. L'ignorance justifie tout chez l'un. L'autre est sévèrement tenu de n'avancer rien qui ne soit appuyé d'une rigoureuse démonstration *pratique*, car la simple théorie ne suffit pas. On n'administre pas une nation avec des abstractions. Que ce soit l'Inquisition ou Galilée qui se trompe sur le mouvement de la terre, cela n'empêche ni le soleil de l'éclairer, ni les blés de germer; mais qu'un homme d'Etat, un administrateur, un législateur prenne ou fasse prendre une fausse mesure, voilà peut-être l'Etat, peut-être la société entière bouleversés.

Je suis tout prêt à dire avec vous : interrogez le peuple pour savoir enfin

S'il ne se fatigue pas de toutes ces intrigues, de tous ces bavardages de tribune, et de tout ce tripotage parlementaire qui n'est que l'envers des anciennes tripoteries d'antichambre et de cour;

Ajoutons : de toutes ces utopies, de toutes ces manifestations de tavernes ou de cavernes, ou d'hospices d'aliénés; de toutes ces recrudescences du choléra révolutionnaire, qui viennent à chaque instant se jeter à la traverse du chemin par où la confiance et la prospérité essaient de revenir;

S'il ne demande pas à la fin qu'on ait pitié de lui, qu'on le légifère, (*sic*), le moins possible, qu'on le réglemente le moins possible, qu'on le tourmente le moins possible, qu'on le laisse à sa charrue, à ses fabriques, à sa boutique, et qu'il n'entende plus parde tout ce monde-là !

C'est là, oui c'est là,

Je le dis avec vous.

le fond des sentiments du peuple français : c'est là ce qu'il répondrait s'il était interrogé sur place, dans sa chambre, verrou fermé, et chacun mis face à face de lui-même, et si vous ne me croyez pas, essayez et vous verrez bien ! Essayez, et demandez-lui s'il ne désire pas que les députés prennent, le plus souvent qu'ils se le pourront accorder, vacances et congés; qu'on ne lui fasse presque pas de lois, et que le ministère d'un côté et la chambre de l'autre, s'arrangent pour ne pas s'arracher trop fort les cheveux et pour ne pas trop crier à la fois les uns contre les autres, mais pour faire, au contraire, à petit bruit et sans attirer les voisins, le moins mauvais des ménages. Mon Dieu, la France n'est pas difficile, et elle est si lasse, si dégoûtée, qu'elle ne vous demande pas aujourd'hui de faire, mon Dieu non, elle ne vous le demande point, mais de ne pas faire, (*sic*) et vraiment, de ne rien faire! (*Pages* 87 et 88).

Je le crois, j'en suis persuadé; quoique je comprenne mal comment on peut interroger des gens sur place, verrouillés dans leur chambre et mis face à face d'eux mêmes. Mais comment voulez-vous qu'il en soit ainsi avec la république qui dépense la vie des individus et de la société en élections et réélections de représentants, de présidents, de conseillers municipaux, de commandants, d'officiers, de sous-officiers de la garde nationale, de membres de tribunaux ou de chambres de commerce, de prud'hommes, et que les républicains purs voudraient surcharger en outre d'élections d'évêques, de juges, de curés, de juges de paix, de gardes champêtres, que sais-je encore?

Comment voulez-vous que les membres de la chambre ne *s'arrachent pas trop fort les cheveux* sous un régime qui veut que les pouvoirs, sans pondération, *se jalousent, se disputent, se battent*, et qui crie à ce sabbat, *tant mieux!*

Comment voulez-vous que les voisins ne s'inquiètent pas du bruit, sous l'empire d'une Constitution qui les provoque à une crise politique tous les trois ans pour la réélection d'une assemblée nationale, tous les quatre ans pour celle d'un président, et qui, par grâce spéciale, nous dote de cette double et redoutable épreuve, capable de culbuter les institutions les plus robustement assises, à la troisième année de son existence, lorsque rien n'a encore eu le temps de s'asseoir!

Avec une Constitution qui crée le droit personnel d'insurrection, vous l'avouez vous-même, et il a été proclamé à la tribune?

Vous voulez qu'on laisse le peuple à sa charrue, à ses fabriques, à sa boutique, et vous l'en arrachez à tout propos et hors de propos, tantôt pour des élections, tantôt pour le jury, tantôt pour la garde nationale.

Vous voulez qu'on le *légifère*, qu'on le réglemente le moins possible, et vous réunissez en assemblée permanente sept cent cinquante personnes, à qui vous payez par an six millions cinq cent cinquante mille francs pour faire des lois, et qui tiennent à gagner leur argent.

Ce que vous voulez pour le peuple, c'est très-raisonnable et très-conforme à ce qu'il veut lui-même; mais vous avez eu la main on ne peut plus malheureuse dans le choix des moyens. Votre logique habituelle vous a fait défaut. Vos prémisses et vos conséquences hurlent de se trouver attachées les unes à la queue des autres; ne les entendez-vous pas?

# TABLE DES MATIÈRES.

www.ingramcontent.com/pod-product-compliance
Ingram Content Group UK Ltd.
Pitfield, Milton Keynes, MK11 3LW, UK
UKHW020143200726
13856UKWH00003B/820